Beck-Ratgeber Recht:
Wichtige Rechtsfragen zur Ehe

Beck-Ratgeber Recht:

Wichtige Rechtsfragen zur Ehe

Alles, was ich wissen muß zu Eheschließung, Rechten und Pflichten in der Ehe, ehelichem Güterrecht, Eheverträgen

Ein Ratgeber
von Dr. Dr. Herbert Grziwotz

Deutscher
Taschenbuch
Verlag

Redaktionelle Verantwortung: Verlag C. H. Beck, München
Umschlaggestaltung: Fuhr & Wolf Design-Agentur, Frankfurt a. M.
Druck: C. H. Beck'sche Buchdruckerei, Nördlingen
Satz: OPS GmbH, München
ISBN 3 423 50611 3 (dtv)
ISBN 3 406 36612 0 (C. H. Beck)

Vorwort

Die Ehe ist die einzige rechtlich anerkannte, grundsätzlich auf Lebensdauer bestimmte Lebensgemeinschaft zwischen einem Mann und einer Frau. Der Gesetzgeber knüpft an die Eheschließung eine Reihe von Rechtsfolgen: die Verpflichtung zur ehelichen Lebensgemeinschaft, zur ordnungsgemäßen Ausübung der elterlichen Sorge über gemeinsame Kinder und zur gegenseitigen Unterstützung in Haushalt und Beruf, die Unterhaltspflicht, das Ehenamensrecht, die Schlüsselgewalt und das Güterrecht. Diese Aufzählung ist nicht erschöpfend, denn sie bezieht sich nur auf die Wirkungen der bestehenden Ehe. Für den Fall des Scheiterns der Lebensgemeinschaft bestehen Regelungen der nachehelichen Unterhaltspflicht und des Versorgungsausgleichs sowie der Wohnungs- und Hausratsteilung, die unter dem Begriff des Scheidungsfolgenrechts erfaßt werden.

Der Gesetzgeber schreibt den Ehegatten nicht vor, wie sie ihre Ehe im einzelnen gestalten sollen. Diese können sowohl vor als auch nach der Hochzeit die Aufgaben in ihrer ehelichen Lebensgemeinschaft verteilen. Es bleibt ihnen ferner überlassen, das für sie geltende Güterrecht und den Ausgleich der während der Ehe erworbenen Versorgungsansprüche durch Ehevertrag zu regeln. Meist enthält dieser auch weitere Vereinbarungen für den Fall einer etwaigen Scheidung.

Dieser Ratgeber wendet sich an junge, aber auch an bereits „erprobte" Ehegatten sowie an Paare, die eine Eheschließung erst planen.

Sie sollen im ersten Teil des Buches über die gesetzlichen Regelungen an Hand von praktischen Beispielen informiert werden.

Der zweite Teil zeigt die Vereinbarungsmöglichkeiten auf, so daß jedes Paar prüfen kann, welche Regelung für den individuellen Fall am geeignetsten ist. Die im 2. Kapitel abgedruckten Muster enthalten in der Praxis häufige und vorteilhafte Gestaltungsmöglichkeiten. Im Anhang sind schließlich die wichtigsten Rechtsvorschriften für Ehegatten abgedruckt.

Regen, im Januar 1992 Herbert Grziwotz

Inhaltsverzeichnis

1. Kapitel: Eherecht

I. Rechtsgrundlagen

Das Bürgerliche Gesetzbuch (BGB) regelt in seinen §§ 1297 bis 1588 das Recht der Ehe. Nach dem mehrfach geänderten Ehegesetz von 1946 (EheG) richtet sich heute nur noch das Recht der Eheschließung, der Nichtigkeit und der Aufhebung der Ehe. Das gerichtliche Verfahren für Ehesachen regeln die §§ 606 ff. Zivilprozeßordnung (ZPO). Die Bestimmungen über das Aufgebot und die Führung des Heirats- und Familienbuches durch den Standesbeamten finden sich im Personenstandsgesetz (PStG). Für Eintragungen im Güterrechtsregister, für das die Amtsgerichte zuständig sind, gelten die §§ 161 ff. des Gesetzes über die Angelegenheiten der freiwilligen Gerichtsbarkeit (FGG).

Von besonderer Bedeutung für die Entwicklung des Eherechts sind schließlich der in Art. 6 Abs. 1 Grundgesetz (GG) der Ehe und Familie gewährte besondere staatliche Schutz sowie die in Art. 3 Abs. 2 GG verankerte Gleichberechtigung von Mann und Frau.

II. Verlöbnis und nichteheliche Partnerschaft

Früher war es nahezu selbstverständlich, daß man sich vor einer Eheschließung verlobte. Gegenwärtig verzichten immer mehr Paare auf eine Verlobung und leben „auf Probe“ oder auf Dauer ohne Trauschein zusammen.

1. Das Verlöbnis

a) Begriff

Das Verlöbnis ist das gegenseitige Versprechen von Mann und Frau, künftig miteinander die Ehe einzugehen. Gleichzeitig wird so das dadurch begründete familienrechtliche Gemeinschaftsverhältnis, der Brautstand, bezeichnet.

b) Wann ist man verlobt?

Beispiel: Die junge Lisa vom Lande gestattet ihrem Freund Fritz den Beischlaf, nachdem ihr dieser erklärt hat, er habe die ernstliche Absicht, sie zu heiraten, sie seien jetzt „heimlich" verlobt. Später wendet er ein, sie hätten zwar Zärtlichkeiten, aber keine Ringe ausgetauscht, außerdem hätten sie ihre Verlobung niemand bekannt gegeben.

Das Verlöbnis ist **an keine Form** gebunden, kann also auch in schlüssiger Weise erfolgen. Ringwechsel, öffentliche Anzeige und die Bezeichnung als „Verlobte" im gesellschaftlichen Verkehr sind nicht wesentlich. Auch der einseitige geheime Vorbehalt, nicht heiraten zu wollen, ist unbeachtlich.

Beispiel: Die 17jährige Nadine und ihr 20jähriger Freund Gerd verloben sich heimlich ohne Zustimmung ihrer Eltern, die gegen diese Verbindung sind. Später löst der junge Mann die Verlobung und lehnt Schadensersatzansprüche wegen der Unwirksamkeit des „Vertrages" ab.

Das Verlöbnis stellt einen Vertrag dar. Es kann auch unter einer Bedingung, z.B. der Gewährung irgendeines Vorteils, vereinbart werden. Sein Abschluß ist jedoch nur **höchstpersönlich**, nicht durch einen Stellvertreter möglich. Bei Minderjährigen sind Einsichtsfähigkeit und die Zustimmung der Eltern als gesetzlicher Vertreter erforderlich. Ein Verlöbnis bei noch bestehender Ehe ist, auch wenn das Scheidungsverfahren läuft, sittenwidrig. Unter denselben Voraussetzungen ist auch eine zweite Verlobung bei noch bestehender erster nichtig. Die Unwirksamkeit des Verlöbnisses schließt es allerdings nicht aus, dem minderjährigen bzw. ungebundenen Partner die Ersatzansprüche der §§ 1298 ff. BGB zu gewähren.

c) Wirkungen des bestehenden Verlöbnisses

Beispiel: Die junge Lisa möchte nunmehr ihren Verlobten notfalls mit dem Gerichtsvollzieher zum Standesamt bringen lassen.

Das Verlöbnis begründet zwar eine Rechtspflicht zur Eingehung der Ehe. Dennoch soll der Wille zur Eheschließung frei bleiben. Auf die Eheschließung kann deshalb nicht geklagt werden; eine Vollstreckung ist nicht möglich (§§ 1297 BGB, §§ 888 Abs. 2, 894 Abs. 2 ZPO). Auch das Versprechen einer Konventionalstrafe für den Fall, daß die versprochene Eheschließung unterbleibt, ist nichtig.

Das Verlöbnis begründet kein gesetzliches Erb- und Pflichtteilsrecht; auch erbschaftsteuerlich werden Verlobte wie Fremde behandelt und nach der Steuerklasse IV mit einem Freibetrag von nur 3.000,— DM der Steuer unterworfen. Gesetzliche Unterhaltspflichten bestehen nicht. Brautkinder sind nichtehelich; das Kind kann aber seine Ehelicherklärung beantragen, wenn das Verlöbnis durch den Tod eines Elternteils aufgelöst worden ist (§ 1740 a BGB).

Während des Brautstandes bestehen jedoch gegenseitige Pflichten, insbesondere zu gegenseitiger Hilfe. Der Verlobte ist ferner „Angehöriger" im Sinne der Strafgesetze (§ 11 Abs. 1 Nr. 1 a StGB); ihm stehen im Straf- und im Zivilprozeß Zeugnisverweigerungsrechte zu (§§ 52 Abs. 1 Nr. 1 StPO, 383 Abs. 1 Nr. 1 ZPO).

d) Beendigung

Beispiel: Die minderjährige Nadine hat einen neuen „Schwarm" und möchte die Verlobung mit Gerd lösen, zu der die Eltern schließlich doch ihre Zustimmung erteilt hatten. Nunmehr stehen die Eltern auf dem Standpunkt, daß Gerd eine gute Partie sei, und sind mit der Entscheidung ihrer Tochter nicht einverstanden.

Das Verlöbnis kann duch Eheschließung, einverständliche Aufhebung oder den Tod eines Partners enden. Jeder Verlobte kann ferner einseitig den Rücktritt erklären. Eines Grundes, z.B. der Untreue, bedarf es nicht. Die Erklärung muß jedoch höchstpersönlich und gegenüber dem anderen Teil erfolgen. Auch ein Minderjähriger soll nicht gegen seinen Willen gebunden bleiben und kann deshalb ohne Zustimmung seines gesetzlichen Vertreters zurücktreten.

e) Rechtsfolgen der „geplatzten" Verlobung

- Schadensersatzansprüche und „Kranzgeld"

Beispiel: Lisa fordert nunmehr wenigstens eine „Entschädigung" von Fritz für die ihm gestatteten Intimitäten und eine Erstattung der von ihr erbrachten finanziellen Beträge für die gemeinsame Urlaubsreise. Ihre Eltern verlangen den Ersatz der Kosten, die ihnen durch die beabsichtigte Verlobungsfeier entstanden sind. Fritz wendet ein, Lisa habe bereits früher einem anderen Verlobten intime Berührungen gestattet und sei außerdem nicht mehr Jungfrau gewesen.

Der Verlobte, der ohne wichtigen Grund (z.B. Untreue, Verfehlungen des Partners, Zerwürfnisse mit den Schwiegereltern oder eigene schwere Erkrankung) vom Verlöbnis zurücktritt, ist dem Partner zum Schadensersatz verpflichtet (§§ 1297 ff. BGB). Zu ersetzen sind angemessene, aber nun überflüssige Aufwendungen; typische Beispiele bilden das Hochzeitskleid, die Kosten der Verlobungsfeier und die Mitarbeit im Geschäft. Den Ersatz dieser Schäden kann nicht nur der verlassene Verlobte fordern, sondern auch seine Eltern und dritte Personen, die anstelle der Eltern gehandelt haben. Zu den Letztgenannten gehören beispielsweise auch Verwandte. Dem verlassenen Verlobten – aber nicht Dritten – muß auch der Schaden ersetzt werden, der dadurch entstanden ist, daß dieser sein Arbeitsverhältnis gekündigt oder seine Praxis aufgegeben hat. Nicht zu ersetzen sind dagegen Unkosten für die gemeinsame Lebensführung schon während der Verlobungszeit (Reisen, Miete, Lebensunterhalt usw.).

Eine unbescholtene Verlobte, die ihrem Partner den Geschlechtsverkehr gestattet hat, kann bei einem unberechtigten Rücktritt ihres Partners ferner eine billige Entschädigung in Geld verlangen. Dieses Kranzgeld steht einer verlassenen Braut nur höchstpersönlich zu und soll ihre geminderten Heiratsaussichten ausgleichen. Die unterschiedliche Behandlung von Mann und Frau wird von den Gerichten als verfassungsmäßig angesehen. Unbescholtenheit ist nicht Unberührtheit, sondern Reinheit der geschlechtlichen Ehre. Diese fehlt erst dann, wenn auch in den Augen Dritter die gute Meinung vom sittlichen Wert der betreffenden Frau Einbuße erlitten hat. In der Praxis sind derartige Klagen selten; in den wenigen entschiedenen Fällen wurden Beträge zwischen 500,— DM und 2.000,— DM zugesprochen.

Die vorstehenden Schadensersatzanprüche treffen auch den Verlobten, der durch sein Verschulden einen wichtigen Grund für den Rücktritt des Partners gegeben hat. Schadensersatzpflichtig macht sich also auch der fremdgehende Verlobte, der bei seiner Braut „bleiben" möchte.

- Müssen Geschenke, Briefe und Fotos zurückgegeben werden?

Beispiel: Lisa möchte sämtliche Geburtstags-, Namenstags- und Weihnachtsgeschenke sowie ihre Liebesbriefe von Fritz zurück, weigert sich aber, diesem ihren Verlobungsring zurückzugeben, da er die Verlobung habe „platzen" lassen.

Grundsätzlich unabhängig von der Schuld an der Trennung besteht der Anspruch jedes Verlobten, vom anderen die Herausgabe der Geschenke zu fordern (§ 1301 BGB). Auch derjenige, der selbst das Verlöbnis aufgelöst hat, kann seine Geschenke zurückverlangen. Anders ist dies nur, wenn er seinen Partner grob getäuscht hat. Ausgeschlossen ist eine Rückforderung, wenn das Geschenk oder ein Ersatz nicht mehr vorhanden ist, und bei Anstandsgeschenken. Unter diesen Begriff fallen gebräuchliche Gelegenheitsgeschenke, insbesondere zu Geburts- und sonstigen Festtagen. Ob auch Briefe und Fotos zurückgegeben werden müssen, ist unter Juristen umstritten, aber wohl zu bejahen.

f) Übergangsregelungen für die neuen Bundesländer

Die Vorschriften des BGB über das Verlöbnis gelten nicht für ein Verlöbnis, das vor dem 3. Oktober 1990 geschlossen wurde (Art. 234 § 2 EGBGB, Anhang S. 124). Dieses brachte lediglich den Willen der Partner zum Ausdruck, ernsthaft zu prüfen, ob von ihren Charaktereigenschaften, Auffassungen und Interessen sowie ihren gesamten Lebensumständen her die Voraussetzungen gegeben sind, einen Bund fürs Leben zu schließen (§ 5 Abs. 3 FGB-DDR). Weitergehende Rechtsfolgen waren damit nicht verbunden.

2. Nichteheliche Lebensgemeinschaften

Gesetzliche Vorschriften, die die Rechte und Pflichten unverheiratet zusammenlebender Paare regeln, bestehen im deutschen Recht nicht. Gleichwohl – oder gerade deshalb – zieht eine zunehmend wachsende Zahl von Menschen diese „freie“ Partnerschaft der Verlobung und der Ehe vor. Die „Ehe auf Probe“ junger Paare tritt zunehmend als Vorstufe zur Ehe an die Stelle der Verlobung. Eheähnliche Lebensgemeinschaften ersetzen dagegen die Ehe. Beispiele sind Partnerschaften noch verheirateter Personen sowie älterer Paare, bei denen eine Eheschließung wegen des Verlustes von Witwer- bzw. Witwenrenten nicht gewünscht ist. Zu nennen sind schließlich noch Paare, die trotz gemeinsamer Kinder eine Eheschließung ablehnen.

a) Rechte und Pflichten während des Zusammenlebens

Zwischen Partnern einer nichtehelichen Lebensgemeinschaft bestehen keine gegenseitigen Rechte und Pflichten hinsichtlich ihrer Lebensgemeinschaft. Insbesondere ist kein Lebensgefährte dem anderen unterhaltspflichtig. Es steht ihnen jedoch frei, durch Partnerschaftsverträge Einzelheiten ihres Zusammenlebens zu regeln.

b) Vermögensauseinandersetzung bei Trennung

Beispiel: Frieda hat mit ihrem Lebensgefährten Moritz ein Auto angeschafft, das gemeinsam genutzt wird, aber im Alleineigentum von Moritz steht. Vom Kaufpreis hat Frieda ein Viertel bezahlt. Als sich Moritz nach zwei Jahren von Frieda trennt, möchte diese ihr Geld zurück.

Es ist von dem Grundsatz auszugehen, daß Leistungen, die ein Partner im engen Zusammenhang mit der Lebensgemeinschaft erbringt, auch nach einer Trennung nicht gegeneinander abgerechnet werden. Sie werden vielmehr ersatzlos von dem Partner erbracht, der dazu in der Lage ist. Jeder trägt also das Risiko, daß er eigene Leistungen nicht selbst voll mitausnutzen kann, wenn seine Erwartungen hinsichtlich des Fortbestandes der Partnerschaft enttäuscht werden. Nur ausnahmsweise, wenn die Zuwendungen weit über die bloße Verwirklichung der Lebensgemeinschaft hinausgehen, gewähren die Gerichte Ausgleichsansprüche in Geld. Dies ist bei der Anschaffung von Hausratsgegenständen, Kleidungsstücken und auch bei einem Kraftfahrzeug noch nicht der Fall.

c) Erbrecht

Ehelos zusammenlebenden Partnern stehen keine gesetzlichen Erb- und Pflichtteilsrechte zu. Sie können sich jedoch durch Verfügungen von Todes wegen zu Erben einsetzen oder mit einem Vermächtnis bedenken.

d) Gemeinsame Kinder

Leben die Partner mit gemeinsamen Kindern zusammen, so bilden sie faktisch eine Familie. Rechtlich bleiben diese Kinder, da sie nicht aus einer Ehe stammen, nichtehelich. Das Sorgerecht steht grundsätzlich allein der Mutter zu (§ 1705 BGB).

III. Die Eheschließung

Beispiel: Die 17jährige Frieda und der 20jährige Moritz wollen möglichst schnell heiraten. Die kirchliche Trauung soll am Samstag, die standesamtliche am folgenden Montag sein. Moritz Eltern sind gegen die Eheschließung der beiden „Kinder“ und drohen, ihnen jede finanzielle Unterstützung zu streichen.

1. Persönliche Voraussetzungen und Eheverbote

a) Die Erklärungen der Ehegatten

Die Ehe kommt zustande, indem ein Mann und eine Frau vor dem Standesbeamten persönlich und bei gleichzeitiger Anwesenheit erklären, miteinander die Ehe eingehen zu wollen (§ 13

EheG). Die Eheschließung durch Stellvertreter oder Boten (sog. Handschuhehe) ist also nicht möglich. Anders als bei der Verlobung ist eine Bedingung oder Zeitbestimmung unzulässig. Eine Ferntrauung ist ebenfalls nicht mehr möglich. Unbeachtlich sind geheime Vorbehalte und sogar vorherige Vereinbarungen unter den Parteien, die Ehe nur zum Schein einzugehen, z.B. um einem Ausländer eine Aufenthaltserlaubnis zu verschaffen. Allerdings hat der Standesbeamte bei der sog. Asylanten-Ehe seine Mitwirkung zu versagen.

b) Die Ehefähigkeit

Voraussetzung für eine Eheschließung ist die Ehefähigkeit, zu der die Ehemündigkeit (§ 1 EheG) und die Geschäftsfähigkeit (§§ 2, 3 EheG) gehören: Die Ehemündigkeit tritt für Mann und Frau einheitlich mit Vollendung des 18. Lebensjahres, also mit der vollen Geschäftsfähigkeit (§ 2 BGB) ein. Eine Befreiung durch das Vormundschaftsgericht ist möglich, wenn der Antragsteller das 16. Lebensjahr vollendet hat und der künftige Ehegatte mindestens 18 Jahre alt ist. Abgesehen hiervon bedürfen Minderjährige zur Eingehung der Ehe der Einwilligung des gesetzlichen Vertreters, im allgemeinen also beider Eltern. Verweigern sie diese, so kann sich der Verlobte, welcher der Einwilligung bedarf, mit dem Antrag auf Ersetzung der Einwilligung an das Vormundschaftsgericht wenden. Dieses hat zu prüfen, ob der Antragsteller über die für eine Ehe erforderliche charakterliche und geistige Reife verfügt und die damit verbundenen Pflichten erfüllen kann, ob zwischen den Partnern eine hinreichende persönliche Bindung besteht, ob die Erziehung eines etwa erwarteten Kindes gewährleistet erscheint und die für eine eheliche Lebensgemeinschaft unerläßliche wirtschaftliche Grundlage vorhanden ist. Insoweit könnte es auch beachtlich sein, wenn die Eltern des volljährigen, in Ausbildung stehenden Partners ihre finanziellen Zuwendungen einzustellen beabsichtigen. Allerdings ist dies nur von Bedeutung, wenn auch die Eltern des minderjährigen Teils ihre Einwilligung versagen, da andernfalls das Vormundschaftsgericht gar nicht entscheidet.

c) Die Eheverbote

Beispiele: Fritzchen ist von Omas Apfelkuchen begeistert und möchte wissen, ob er sie später einmal heiraten kann. Seine Schwester möchte dagegen ins Wasser gehen, wenn sie nicht die Frau ihres Cousins werden kann, in den sie unsterblich verliebt ist. Anton hat schließlich seinem Bruder Bernd am Sterbebett versprochen, dessen Witwe zu ehelichen und mit ihr Kinder zu haben.

Die Eheverbote regeln, in welchen Fällen eine Eheschließung ausnahmsweise nicht erfolgen darf:

- Das Gesetz verbietet eine Ehe zwischen **Verwandten in gerader Linie** und zwischen **Geschwistern** (§ 4 Abs. 1 EheG). In gerader Linie verwandt sind Personen, von denen eine von der anderen abstammt (§ 1589 S. 1 BGB), also z.B. Großeltern, Eltern, Kinder, Enkelkinder usw. Da der Grad der Verwandtschaft unerheblich ist, gilt das Verbot z.B. auch für eine Ehe zwischen einem Großelternteil und einem Enkelkind. Das Eheverbot gilt auch für Geschwister, die nur einen Elternteil gemeinsam haben. Dagegen können „Bruder" und „Schwester" heiraten, wenn sie aus früheren Ehen der „Eltern" stammen, also lediglich durch die Eheschließung ihres jeweiligen Elternteils „zusammengebracht" worden sind. Kein Eheverbot besteht auch zwischen Vetter und Base sowie zwichen Onkel und Nichte, da diese nur über eine dritte Person, also in der Seitenlinie verwandt sind.

  Bei einer **Adoption** erlischt zwar regelmäßig das Verwandtschaftsverhältnis zu den bisherigen Verwandten (§ 1755 BGB), das Eheverbot bleibt jedoch bestehen. Eine Befreiung ist in allen Fällen nicht möglich.
- Verboten ist eine Ehe zwischen **Verschwägerten in gerader Linie** (§ 4 Abs. 1 EheG). Verschwägert sind die Verwandten eines Ehegatten mit dem anderen Ehegatten (§ 1590 BGB). Die Schwägerschaft dauert fort, auch wenn die Ehe, durch die sie begründet wurde, aufgelöst ist. Aus diesem Grund darf der Schwiegervater die geschiedene Frau seines Sohnes nicht heiraten. Wegen der nur in der Seitenlinie bestehenden Schwägerschaft ist es dagegen zu-

lässig, daß die Witwe ihren Schwager, den Bruder ihres verstorbenen Mannes heiratet. Von dem Eheverbot der Schwägerschaft kann das Vormundschaftsgericht **Befreiung** erteilen, wenn die geplante Eheschließung keine anstößige Störung des Familienverbandes bewirkt.

- Das **Verbot der Doppelehe** (§ 5 EheG) beruht auf dem im deutschen Recht geltenden Grundsatz der Einehe (Monogamie). Ein Verstoß gegen dieses Eheverbot führt zur Strafbarkeit wegen Bigamie (§ 171 StGB) und zur grundsätzlichen Nichtigkeit der zweiten Ehe (§ 20 EheG). Eine Ausnahme von der Nichtigkeitsfolge macht § 38 EheG für den Fall, daß ein Ehegatte eine Ehe eingeht, nachdem sein bisheriger Ehepartner für tot erklärt worden ist (§ 9 VerschG), der für tot Erklärte aber noch lebt und dies beide Partner der neuen Ehe nicht wußten. Hier hat derjenige, der in Unkenntnis des Überlebens seines verschollenen Partners erneut geheiratet hat, die „Wahl" zwischen dem alten und dem neuen Ehegatten.

Die entgegen den vorstehend genannten Verboten geschlossene Ehe ist nichtig (§§ 20, 21 EheG), d.h. sie kann auf Antrag des Staatsanwalts oder eines Ehegatten für nichtig erklärt werden. Dagegen läßt die Nichtbeachtung der nachfolgend genannten Ehehindernisse den Bestand der geschlossenen Ehe unberührt:

- Eine verheiratete Frau soll nicht vor Ablauf von 10 Monaten nach Auflösung ihrer früheren Ehe wieder heiraten, es sei denn, daß sie innerhalb dieser Zeit geboren hat (Wartezeit, § 8 EheG). Von diesem Eheverbot kann der Standesbeamte Befreiung erteilen. Das Nichtbestehen einer Schwangerschaft kann durch ein ärztliches Attest leicht nachgewiesen werden.
- Wer für das Vermögen eines Kindes zu sorgen hat, soll vor Eheschließung ein Auseinandersetzungszeugnis des Vormundschaftsgerichts beibringen (§ 9 EheG), um das Kind vor vermögensrechtlichen Nachteilen zu schützen.
- **Ausländer** unterliegen den Ehehindernissen ihres Heimatstaates (Art. 13 Abs. 1 BGB). Deshalb sollen sie eine Ehe erst eingehen, wenn sie ein Zeugnis der Behörde ihres Hei-

matlandes beigebracht haben, daß der Eheschließung kein diesbezügliches Hindernis entgegensteht (Ehefähigkeitszeugnis, § 10 EheG).

- Zwischen Personen, deren Verwandtschaft oder Schwägerschaft im Sinne des § 6 EheG durch **Adoption** begründet wurde, soll eine Ehe nicht geschlossen werden (§ 7 EheG). Anders ist dies, wenn das Annahmeverhältnis aufgelöst worden ist. Eine Befreiung durch das Vormundschafsgericht kommt nur bei Verwandtschaft in der Seitenlinie und Schwägerschaft, nicht aber bei Verwandtschaft in gerader Linie in Betracht. Heiratet der Annehmende das Kind oder dessen Abkömmling dennoch, so wird die Adoption aufgelöst (§ 1766 BGB).

2. *Das standesamtliche Verfahren*

Beispiel: Moritz und Frieda waren fünfzig Jahre „ohne Trauschein" glücklich miteinander. Nun liegt Moritz im Sterben. Bei Beurkundung der gegenseitigen Erbeinsetzung hat der Notar auf die hohen Erbschaftssteuern bei unverheirateten Paaren hingewiesen und gegebenenfalls eine „Nottrauung" empfohlen. Der Standesbeamte lehnt ab, da Sonntag sei, alles nicht so schnell ginge und die Partner selbst „schuld" seien, wenn sie nicht schon früher geheiratet hätten.

Die Ehe soll vor dem zuständigen Standesbeamten geschlossen werden. Ihr soll das Aufgebot (§ 12 EheG, §§ 3 – 5 PStG) vorausgehen. Zuständig ist der Standesbeamte, in dessen Bezirk einer der Verlobten seinen Wohnsitz oder gewöhnlichen Aufenthalt hat. Das Aufgebot soll klären, ob Ehehindernisse bestehen. Hierzu sollen die Partner grundsätzlich gemeinsam erscheinen; allerdings ist auch eine Beitrittserklärung des nichtanwesenden Verlobten möglich. Mitzubringen sind Abstammungsurkunden, amtliche Lichtbildausweise, Aufenthaltsbescheinigungen mit Angabe des Familienstandes und der Staatsangehörigkeit, Nachweise über den ausgeübten oder erlernten Beruf und akademische Grade und gegebenenfalls Familienbuchabschriften der früheren Ehen, nicht aber ein

Gesundheitszeugnis. Anzugeben sind ferner die Religionszugehörigkeit und die vorhandenen Kinder. Im Hinblick auf die mögliche Wahl des Ehenamens fragt der Standesbeamte regelmäßig auch, welchen Ehenamen die Beteiligten führen wollen (§ 13 a EheG). Eine Mitteilung von der beabsichtigten Eheschließung wird eine Woche lang öffentlich ausgehängt. Das Aufgebot hat sechs Monate Gültigkeit. Es ist entbehrlich, wenn die lebensgefährliche Erkrankung eines der Verlobten den Aufschub der Eheschließung nicht gestattet. Aus welchen Grund diese bisher unterblieben ist, hat der Standesbeamte nicht zu prüfen. Die Aufgebotsfrist kann auch verkürzt werden, z.B. bei der bevorstehenden Niederkunft der Frau.

Der Standesbeamte soll bei der Trauungszeremonie an die Verlobten in Gegenwart von zwei Zeugen nacheinander die Frage richten, ob sie die Ehe miteinander eingehen wollen. Beantwortet ein Verlobter die Frage mit „Nein“, so kommt keine Ehe zustande. Nach Bejahung spricht der Standesbeamte dagegen im Namen des Rechts aus, daß die Verlobten nunmehr rechtmäßig verbundene Eheleute sind. Die Eheschließung wird in das Familienbuch, ein vom Standesamt aufbewahrtes Personenstandsbuch in Form einer Karteikarte, eingetragen (§ 14 EheG). Das Stammbuch, das beim Standesamt gekauft werden kann, dient dagegen als Sammlung aller standesamtlichen und kirchlichen Urkunden der Familie.

Ein Verstoß gegen die Ordnungsvorschriften der §§ 12, 13 a – 15 EheG läßt die Wirksamkeit der Ehe unberührt.

Die kirchliche Trauung hat nur innerhalb der betreffenden Religionsgemeinschaft Bedeutung (vgl. § 1588 BGB). Sie darf erst **nach** der standesamtlichen stattfinden (§§ 67, 67a PStG).

IV. Die allgemeinen Ehewirkungen

Die allgemeinen privatrechtlichen Wirkungen der Eheschließung sind in den §§ 1353 ff. BGB geregelt. Sie gelten unabhängig vom Güterstand. Die Ehe entfaltet Rechtswirkungen sowohl zwischen den Ehegatten als auch im Verhältnis zu Dritten.

1. Eheliche Lebensgemeinschaft

Beispiel: Moritz und Frieda sind beruflich an weit entfernten Orten tätig, deshalb führen sie eine Wochenendehe. Moritz empfindet das auf Dauer unbefriedigend und meint, notfalls müsse Frieda ihren Beruf aufgeben und zu Hause bleiben. Frieda weigert sich und verlangt von Moritz ihrerseits, er solle das Rauchen aufgeben, nicht immer die an sie gerichteten Briefe öffnen und – wie vor der Eheschließung versprochen – zu ihrem Glauben konvertieren.

a) Welche Pflichten ergeben sich aus der ehelichen Lebensgemeinschaft?

Die eheliche Lebensgemeinschaft umfaßt die gesamten persönlichen wie die vermögensrechtlichen Verhältnisse der Ehegatten zueinander. Der Gesetzgeber hat – mit Ausnahme der ehelichen Unterhaltspflicht – davon abgesehen, die aus der Ehe folgenden Pflichten konkret zu beschreiben. Nach seiner Auffassung kommt mit dem Begriff der ehelichen Lebensgemeinschaft die Partnerschaft gleichen Rechts und gleicher Pflichten mit besonderen Anforderungen auf gegenseitige Rücksichtnahme und Selbstdisziplin, auf Mitsprache und Mitentscheidung am besten zum Ausdruck.

Die gesetzliche Generalklausel macht den Ehegatten all das zur Rechtspflicht, was nach sittlicher Auffassung zum Wesen der Ehe gehört: Die gegenseitige Liebe und Achtung, die Rücksichtnahme auf den anderen, gegenseitiger Beistand und Hilfe bei Krankheit und Gefahren, die Geschlechtsgemeinschaft und die eheliche Treue, die häusliche Gemeinschaft, das Zusammenwirken in Vermögensangelegenheiten sowie die Sorge für die gemeinsamen Kinder und für die in den Haushalt aufgenommenen, aus einer anderen Verbindung stammenden Kinder des Partners.

b) Individuelle Freiräume

Die Lebensgemeinschaft fordert von den Ehegatten zwar Rücksichtnahme, jedoch keinen vollständigen Verzicht auf die Entfaltung und Entwicklung der eigenen Persönlichkeit.

Weder im persönlichen noch im Vermögensbereich ist den Ehegatten notwendig alles gemeinsam. Trotz der engen personalen Verbindung hat jeder Ehegatte dem anderen gegenüber auch das Recht auf Wahrung und Achtung der eigenen Persönlichkeits- und Vermögenssphäre, wenn dies unter Beachtung der Interessen des Partners erfolgt. Über seine berufliche, politische, wissenschaftliche und künstlerische Betätigung, aber auch Teile des Freizeitbereichs entscheidet jeder Ehegatte eigenverantwortlich. Deshalb kann beispielsweise kein Partner zu einem Religionswechsel gezwungen werden. Über Entscheidungen, etwa einen Berufswechsel oder eine Versetzung, ist der Partner zu unterrichten; sie sind mit ihm abzusprechen. Auch hinsichtlich der eigenen Vermögenslage besteht gegenüber dem Ehegatten eine Informationspflicht. **Vermögensrechtliche** Ansprüche können gegenüber dem Partner sogar **klageweise** durchgesetzt werden. Jedoch dürfen dadurch die Grundlagen des Zusammenlebens nicht beeinträchtigt werden oder eine besondere Rücksichtslosigkeit an den Tag treten. Frei von einer Einmischung und Kontrolle des Partners ist der **Kernbereich der Individualsphäre**, wie etwa das Brief- und Telefongeheimnis, vertrauliche Tagebuchaufzeichnungen etc. Auch die Ausübung einer gefährlichen Sportart (z.B. Motorradrennen und Drachenfliegen) und das Rauchen zählen wohl noch zum Bereich der persönlichen Lebensgestaltung; angesichts der damit verbundenen Risiken dürfte sich hier aber allmählich ein Wandel vollziehen.

c) *Die gerichtliche Durchsetzung der Lebensgemeinschaft (Eheherstellungsklage)*

Beispiel: Moritz sucht einen Rechtsanwalt auf und bittet ihn, er möge seine Frau notfalls mit dem Gerichtsvollzieher dazu veranlassen, zu ihm zu ziehen. Ferner verweigere ihm seine Frau wegen der bestehenden Unstimmigkeiten seit Monaten die Gewährung des ehelichen Verkehrs; das Gericht möge – hier allerdings ohne Zuhilfenahme des Gerichtsvollziehers – seiner Frau die Unrechtmäßigkeit ihres Verhaltens deutlich vor Augen führen.

Das Gesetz überläßt es den Ehegatten, ihre Lebensgemeinschaft nach ihren Wünschen und Vorstellungen individuell auszugestalten. Auch im Falle von Meinungsverschiedenheiten gilt der **Grundsatz der Gleichberechtigung**; kein Ehegatte kann als „Familienoberhaupt“ verbindlich für beide Teile entscheiden. Haben sich Ehegatten zunächst in einer bestimmten Angelegenheit, z.B. hinsichtlich unterschiedlicher Wohnsitze geeinigt, so kann kein Partner einseitig eine Neuregelung duchsetzen. Können sich die Ehegatten in einer Frage nicht einigen, kann auch nicht das Gericht angerufen werden. Nur wenn zwischen Eltern über die Handhabung des **elterlichen Sorgerechts** keine Übereinstimmung besteht, trifft das Vormundschaftsgericht die erforderlichen Maßregeln; in allen anderen Angelegenheiten, die nur die eheliche Lebensgemeinschaft der Ehegatten untereinander betreffen, bleibt der Streit unentschieden.

Kommt ein Ehegatte seiner Pflicht zur ehelichen Lebensgemeinschaft nicht nach, so kann der andere gegen ihn mit der sog. **Eheherstellungsklage** vorgehen. So hat der Bundesgerichtshof auf eine entsprechende Klage entschieden, daß die Ehefrau zur Gewährung ehelichen Verkehrs in Zuneigung und Opferbereitschaft verpflichtet sei und nicht Gleichgültigkeit oder Widerwillen zur Schau tragen dürfe. Gegenstand gerichtlicher Auseinandersetzung sind ferner mitunter die Mitbenützung von Wohnung und Hausrat, die Führung des gemeinsamen Namens sowie die Entfernung des Ehebrechers aus der Ehewohnung. Die Eheherstellungsklage, die der Erfüllung personaler Pflichten dient, ist Ehesache, über die das **Familiengericht** zu befinden hat (§ 606 Abs. 1 ZPO, § 23 b Abs. 1 Nr. 1 GVG). Ein Urteil, das der Klage stattgibt, kann aber **nicht vollstreckt** werden (§ 888 Abs. 2 ZPO). Ehewidriges Verhalten bildet auch keinen Scheidungsgrund mehr. Deshalb hat die Herstellungsklage nur noch geringe praktische Bedeutung.

Ehepflichten wirtschaftlichen Inhalts sind keine Ehesachen, sondern in einem gewöhnlichen Zivilprozeß und ohne das Vollstreckungshindernis des § 888 Abs. 2 ZPO einzuklagen. Betroffen sind die Unterhaltsansprüche, der Anspruch auf Zustimmung zum Ehegattensplitting bei der Einkommensteuer usw.

d) Wann entfällt die Verpflichtung zur ehelichen Lebensgemeinschaft?

Beispiel: Frieda erklärt vor Gericht, sie wolle auch deshalb nicht zu ihrem Mann ziehen, da dieser eine Geliebte habe und sie außerdem bei Wutanfällen mehrfach geschlagen habe. Moritz bestreitet dies nicht, verspricht aber, sich zu bessern.

Ein Ehegatte braucht dem Verlangen des anderen nach Herstellung der ehelichen Lebensgemeinschaft nicht nachzukommen, wenn entweder das Herstellungsverlangen **rechtsmißbräuchlich** erscheint oder die Ehe gescheitert ist (§ 1353 Abs. 2 BGB). Rechtsmißbräuchlich ist das Begehren, wenn es dem anderen Teil z.B. bei Mißhandlungen, Trunk- oder Rauschgiftsucht unzumutbar ist. Ein Scheitern liegt vor, wenn die Lebensgemeinschaft nicht mehr besteht und nicht mehr erwartet werden kann, daß die Ehegatten sie wiederherstellen (§ 1565 Abs. 1 S. 2 BGB). Entfällt die Verpflichtung zur ehelichen Lebensgemeinschaft, so besteht also umgekehrt das Recht, getrennt zu leben.

e) Der Schutz gegen Ehestörungen durch Dritte

Beispiel: Frieda ist zu Moritz gezogen. Dieser schwärmt von einer „Ehe zu dritt" und bringt seine Geliebte wiederholt in die Ehewohnung mit. Frieda will die Geliebte verklagen, dies zu unterlassen. Vorsorglich legt sie sich selbst einen Freund zu, den sie in seiner Wohnung aufsucht. Moritz fordert Schmerzensgeld wegen der Verletzung seiner männlichen Ehre.

Einen **vollstreckbaren** Anspruch auf Unterlassung ehewidrigen Verhaltens oder auf Beseitigung des ehewidrigen Zustandes **gibt es** im deutschen Recht **nicht**. Dies gilt sowohl für Klagen gegen den Ehepartner als auch gegen den störenden Dritten. Derartige Klagen, z.B. auf Unterlassung außerehelicher Geschlechtsbeziehungen, würden zu einem (mittelbaren) staatlichen Zwang zur Erfüllung ehelicher Pflichten des personalen Bereichs entgegen der gesetzlichen Wertung führen. Aus diesem Grund verneint die Rechtsprechung auch Schadensersatzansprüche gegen den Dritten auf Ersatz erhöhter

Haushaltskosten und der Kosten des Scheidungsverfahrens. Die Verletzung der Ehre als solcher führt ohnehin nach deutschem Recht zu keinem Ersatzanspruch.

Geschützt ist allerdings der **räumlich-gegenständliche Bereich** der Ehe. Deshalb kann eine Frau von ihrem Mann die Entfernung der Geliebten aus der Ehewohnung verlangen und dieser selbst ihr Betreten verbieten. Ähnlich gilt dies für **Geschäftsräume**, wenn eine enge Verbindung zwischen Wohnung und Geschäft besteht. Diese kann räumlicher Art sein (z.B. Praxis im Wohnhaus), aber auch auf der Mitarbeit der Ehefrau im Geschäft beruhen. Schließlich kann der Ehemann vom Erzeuger eines während der Ehe geborenen nichtehelichen Kindes Ersatz der Entbindungskosten und einen Vorschuß bzw. Ausgleich für den Ehelichkeitsanfechtungsprozeß verlangen.

2. Die Rollenverteilung

a) Haushaltsführung und Berufstätigkeit

Beispiel: Frieda möchte auch nach der Eheschließung berufstätig bleiben. Moritz ist der Meinung, die Frau gehöre ins Haus, dies sei schon bei seiner Mutter und Großmutter so gewesen. Frieda wird sehr schnell schwanger und gibt ihren Beruf zur Kindererziehung zunächst auf; als ihr die „Decke auf den Kopf fällt“, möchte sie in ihren Beruf zurückkehren und das Kind in den Kindergarten „stecken“. Moritz weigert sich, die für ihn praktische Rollenverteilung zu ändern.

- Auf welche Weise erfolgt die Aufteilung von Haushaltsführung und Berufstätigkeit?

Bis 1977 war die Führung des Haushalts Pflicht der Ehefrau; sie durfte nur erwerbstätig sein, soweit das mit ihren Pflichten in Ehe und Familie zu vereinbaren war. An die Stelle des gesetzlichen Leitbildes der Hausfrauenehe ist nunmehr der Gedanke der **partnerschaftlichen Ehe** getreten. Die Ehegatten regeln deshalb die Haushaltsführung im gegenseitigen Einvernehmen (§ 1356 Abs. 1 S. 1 BGB). Jeder von ihnen ist verpflichtet, nach seinen Kräften und im Rahmen seiner Möglichkeiten für den Haushalt zu sorgen. Selbstverständlich können die Ehegatten auch heute eine „Hausfrauen- bzw. Hausmannehe" praktizieren, bei der ein Partner berufstätig ist und sich der andere ausschließlich um den Haushalt und die Kinder kümmert. Neben diesem Typus der **Alleinverdienerehe** gibt es die **Doppelverdienerehe** meist kinderloser Ehegatten. Hier sind beide Partner voll berufstätig und teilen sich die Hausarbeit, wobei mitunter eine Hilfskraft dafür angestellt wird. In der **Zuverdienstehe** ist ein Partner voll erwerbstätig, während sich der andere, der meist den Haushalt (überwiegend) alleine führt, auf eine Teilzeitbeschäftigung beschränkt.

Bei der Entscheidung über die Rollenverteilung werden meist der Kinderwunsch und die Einkommensverhältnisse beider Ehegatten entscheidende Bedeutung haben. Auch wenn beide Ehegatten das Recht haben, erwerbstätig zu sein, so haben sie dabei jedoch auf die Belange des anderen Ehegatten und der Familie die gebotene Rücksicht zu nehmen (§ 1356 Abs. 2 BGB). Kommt es zu keinem Einvernehmen, so richtet sich die Pflicht zur Haushaltsführung und zur Erwerbstätigkeit nach den individuellen Verhältnissen unter Berücksichtigung der bisherigen Abreden. Bei kinderlosen Ehepaaren müssen im Zweifel beide Ehegatten anteilig den Haushalt führen. Sind betreuungsbedürftige Kinder vorhanden, so kann der Frau auch nicht unter Hinweis auf das traditionelle Rollenverhalten ein Verzicht auf außerhäusliche Berufstätigkeit zugemutet werden. Verdient sie beispielsweise als freiberufliche Steuerberaterin wesentlich mehr als ihr Mann, der „kleiner" Beamter im Finanzamt ist, kann diesem durchaus eine Hausmannstätigkeit anzusinnen sein.

- Ist eine spätere Änderung der Funktionsteilung möglich?

Der Zwang zu ständigen Kompromissen gilt auch für eine einmal vereinbarte Funktionsteilung. Das geforderte „Einvernehmen" ist stets situationsbezogen und kann die Partner nicht für alle Zukunft binden. Fordert ein Ehegatte eine Änderung, so müssen sich beide Teile wiederum um eine faire Lösung bemühen. Will etwa die Hausfrau nach dem Babyalter der gemeinsamen Kinder wieder den Anschluß an ihren erlernten Beruf finden, so kann dem der Ehemann nicht unter

Hinweis auf die früher geregelte Rollenverteilung widersprechen. Eine Ausnahme gilt jedoch, wenn die Rückkehr in den Beruf zu einer Gefährdung des Kindeswohls führen würde.

- Kann einem Ehegatten die Haushaltsführung in eigener Regie überlassen werden?

Beispiel: Frieda ist zu Hause, erledigt den Haushalt und betreut die dreijährigen Zwillinge. Moritz gibt ihr monatlich 1.000,— DM Haushaltsgeld. Frieda muß davon die Miete, Strom, Gas, Licht, die Lebensmittel und die Kleidung für die vierköpfige Familie bezahlen. Moritz meint, davon müßten eigentlich ca. 200,— DM übrigbleiben, da Frieda ohnehin werktags nur jeden zweiten Tag Fleisch koche.

Ist die Führung des Haushalts einem der Ehegatten überlassen, so trägt er hierfür die **alleinige Verantwortung** (§ 1356 Abs. 1 S. 2 BGB). Die Haushaltsführung umfaßt alle Anordnungen für das Hauswesen, die das gemeinschaftliche Leben mit sich bringt, sowie sämtliche Besorgungen, die üblicherweise vom haushaltsführenden Ehegatten erledigt werden. Beispiele sind die Betreuung der Kinder, die Reinigung der Wohnung und der Kleidung, der Einkauf von Nahrungsmitteln und die Zubereitung der Mahlzeiten. Der andere Ehegatte darf in diesen Aufgabenkreis nicht hineinreden. Ebenso darf er nicht durch Kürzung des Haushaltsgeldes seinen Vorstellungen Nachdruck verleihen. Ihm ist auch nicht auf „Heller und Pfennig" die Verwendung des Haushaltsgeldes nachzuweisen. Unberührt bleibt die allgemeine Informationspflicht zwischen den Ehepartnern.

- Wird bei Verletzung oder Tötung des Ehegatten „Schadensersatz" geschuldet?

Beispiel: Frieda wird beim Überqueren eines Zebrastreifens von einem Auto angefahren und muß mehrere Monate ins Krankenhaus. Während dieser Zeit betreut ihre Mutter die Kinder und den Schwiegersohn tagsüber unentgeltlich. Moritz muß gleichwohl häufig abends das Geschirr spülen. Er fordert von dem Autofahrer Schadensersatz und zusätzlich Schmerzensgeld für die entgangene Freizeit. Dieser wendet ein, Moritz seien keine Kosten entstanden, außerdem schade es ihm nicht, wenn er einmal im Haushalt mithelfe.

Die Gleichstellung von Haushaltsführung und Erwerbstätigkeit hat auch Auswirkungen im Verhältnis zu **dritten Personen**. Wird der haushaltsführende Ehegatte verletzt, so muß ihm der hierfür verantwortliche Schädiger neben den Arzt- und Heilungskosten auch den Schaden ersetzen, der im vorübergehenden Unvermögen zur Haushaltsführung liegt. Der zu bezahlende Geldbetrag steht der Hausfrau bzw. dem Hausmann und nicht etwa dem anderen Ehegatten zu. Der Anspruch besteht auch, wenn der andere Ehegatte auf eigene Kosten eine Haushaltshilfe einstellt oder selbst einspringt. Führen die Ehegatten den Haushalt gemeinschaftlich, so ist der Schadensersatz nur anteilig zu ersetzen.

Während bei Tötung eines berufstätigen Ehegatten der entfallene Barunterhalt zu leisten ist, geht der Schadensersatz bei Tötung des haushaltsführenden Ehegatten auf Ersatz für die entgangenen Unterhaltsleistungen. Wird in diesem Fall eine Haushaltshilfe eingestellt, sind deren Kosten zu ersetzen. Übernehmen die Angehörigen die Haushaltsführung unentgeltlich, wird die Nettovergütung einer vergleichbaren Ersatzkraft geschuldet.

b) Mitarbeitspflicht und Ehegattenarbeitsverhältnis

Beispiel: Frieda, die aus der Großstadt stammt und in einer Diskothek an der Bar arbeitet, lernt den Jungbauern Moritz kennen. Es macht ihr auch nichts aus, nach der Heirat zu ihm auf seinen Bauernhof zu ziehen, da sie das Landleben romantisch und die kleinen Kälber lieb findet. Als ihr Moritz erklärt, daß für die Feld- und Stallarbeit Stöckelschuhe unpraktisch seien, will sie wissen, ob sie überhaupt in der Landwirtschaft mitarbeiten müsse. Außerdem wolle sie auf jeden Fall ihr Gehalt bezahlt haben, das sie an der Bar verdient habe, und zwar zuzüglich der Trinkgelder.

Neben der Lebensgemeinschaft besteht zwischen Ehegatten nicht selten auch eine berufliche Zusammenarbeit. Praxisgemeinschaften von Freiberuflern und die Mitarbeit im Gewerbebetrieb des anderen Ehegatten sind Beispiele hierfür. Ehegatten können ihre berufliche Verbindung wie fremde

Personen durch Verträge regeln. Bestehen solche nicht, stellt sich die Frage, ob eine Pflicht zur Mitarbeit und deren Entlohnung besteht.

- Besteht eine Pflicht zur Mitarbeit im Geschäft des anderen Ehegatten?

Eine ausdrückliche gesetzliche Pflicht zur Mitarbeit im Beruf oder Geschäft des anderen Ehegatten besteht nicht mehr. Dennoch bedeutet das nicht, daß kraft Gesetzes keine Mitarbeitspflicht mehr bestünde.

Das Unterhaltsrecht verlangt nämlich von jedem Ehegatten, seine Erwerbstätigkeit so zu gestalten, daß der Familienunterhalt gesichert ist (§ 1360 S. 1 BGB). Bildet der Betrieb die Basis des Familieneinkommens, so besteht eine Mitarbeitspflicht, wenn dieser andernfalls in seinem Bestand gefährdet oder nicht rentabel ist. Dies kann bei kleinen Handwerksbetrieben, in einem Ladengeschäft und in der Landwirtschaft der Fall sein. Da es sich um eine Mitarbeit handelt, die als **gesetzlich geschuldete Unterhaltsleistung** erbracht wird, besteht keine Vergütungspflicht. Dies gilt auch dann, wenn durch die Mitarbeit der Ehefrau im landwirtschaftlichen Betrieb des Mannes das Familieneinkommen gesichert wird. Die Verpflichtung zur „Unterhaltsarbeit“ besteht nicht, wenn durch anderweitige Erwerbstätigkeit des betroffenen Ehegatten der Familienunterhalt ebenso gut und nachhaltig gesichert werden kann.

Eine Mitarbeitspflicht kann sich ferner aus der Verpflichtung zur ehelichen Lebensgemeinschaft ergeben. Diese verlangt von jedem Ehegatten, auf die beruflichen Interessen des anderen Rücksicht zu nehmen und diesen erforderlichenfalls zu unterstützen. Die **Pflichtmitarbeit** ist allerdings auf Zwangssituationen beschränkt: In Betracht kommen der Aufbau eines Anwaltsbüros oder einer Arztpraxis, akuter Personalmangel, fehlende Liquidität zur Einstellung einer fremden Hilfskraft, Krankheit und Notzeiten. Die Verpflichtung zur Mitarbeit besteht nicht bei eigener Krankheit und wenn der Betroffene ein Arbeitsverhältnis mit besseren Verdienstmöglichkeiten aufgeben müßte oder die eigene wirtschaftliche Existenz gefährden würde. Es sind somit die Interessen beider Ehegatten gegeneinander abzuwägen.

Fehlen ausdrückliche Abreden, so ist fraglich, ob und wie die geleisteten Dienste zu vergüten sind. Die Rechtsprechung hat eine Vergütungspflicht bei unbedeutenden Hilfsarbeiten und wenn keine Gewinne erzielt oder diese durch den Familienunterhalt wieder aufgezehrt werden, abgelehnt. Auch wenn über die bloße Unterhaltssicherung hinausgehende Werte geschaffen werden, erfolgt die Beteiligung des mitarbeitenden Ehegatten hieran in der Regel über den Unterhalt und im Rahmen des Güterstandes. Nur in Ausnahmefällen hat die Rechtsprechung **stillschweigende Arbeitsverträge** oder einen besonderen **familienrechtlichen Vertrag** angenommen und hierauf bei einer Scheidung einen Ausgleichsanspruch gestützt. Die entschiedenen Fälle betrafen Sachverhalte, in denen der mitarbeitende Ehegatte wesentlichen Anteil am Aufbau oder der Sanierung eines Betriebes hatte. Dagegen wurde der Vergütungsanspruch einer Ehefrau, die zehn Jahre in der Arztpraxis ihres Mannes als Sprechstundenhilfe, Unterstützung im Labor und Buchhalterin mitgearbeitet hatte, abgelehnt.

Angesichts der rechtlich weitgehend ungeklärten Entgeltssituation empfiehlt es sich, eine Vergütung **vertraglich** zu regeln. Hinzu kommt, daß andernfalls für den mitarbeitenden Ehegatten regelmäßig auch keine Sozialabgaben geleistet werden und dieser deshalb keinen eigenen Krankenversicherungsschutz, keinen Schutz bei Arbeitslosigkeit und keine Rentenansprüche erwirbt.

- Können Ehegatten miteinander Gesellschaften gründen und Arbeitsverträge abschließen?

Beispiel: Moritz stellt Frieda in seiner Arztpraxis als Sprechstundenhilfe an. Obwohl sie ungelernte Verkäuferin ist, erhält sie den dreifachen Monatslohn der ebenfalls bei Moritz beschäftigten Susanne. Moritz begründet dies damit, daß ihm seine Frau Tag und Nacht zur Verfügung stehe, nicht ohne sein Dazutun schwanger werde und dank seiner Pflege nie krank sei. Das Gehalt wird auf das Bankkonto überwiesen, über das Moritz und Frieda jeweils einzeln verfügungsberechtigt sind. Als Moritz seine Frau zu einer unangenehmen Arbeit anweist, ist diese erbost, denn schließlich sei sie gleichberechtigt und müsse sich von ihm nichts sagen lassen.

Ehegatten ist es unbenommen, die Pflicht zur Mitarbeit vertraglich zu regeln. Dies kann in einem Dienst-, Arbeits- oder Gesellschaftsvertrag geschehen. Eine bestimmte Form, z.B. ein schriftlicher Vertrag, ist hierzu grundsätzlich nicht erforderlich, jedoch zweckmäßig. Arbeitsverträge zwischen Ehegatten können neben der ehelichen Lebensgemeinschaft existieren. Deshalb besteht auch kein Widerspruch zwischen dem Recht des Arbeitgeber-Ehegatten, seinem Partner eine bestimmte Arbeit anzuweisen, und dem Grundsatz der Gleichberechtigung.

Im Arbeitsvertrag sind Rechte und Pflichten, z.B. Vergütung, Tätigkeitsbereich, Arbeitszeit, Urlaubsanspruch etc., wie zwischen Fremden zu regeln. Die Arbeitsschutzvorschriften und zwingende Tarifverträge sind zu beachten. Der Abschluß eines Arbeitsvertrages mit dem Ehegatten führt grundsätzlich auch zur **Sozialversicherungspflicht**. Dadurch erhält der Arbeitnehmer-Ehegatte eine eigenständige soziale Sicherung im Falle der Krankheit, der Invalidität und des Alters. Anders ist dies nur, wenn die monatliche Beitragsbemessungsgrenze überschritten oder eine geringfügige Beschäftigung auf der 500,— DM-Basis vereinbart wird.

Da das Gehalt des Ehegatten als Betriebsausgabe den Gewinn des Arbeitgeber-Ehegatten mindert, führt dies zu einer Verringerung der Gewerbesteuer. Außerdem steht dem mitarbeitenden Ehegatten der Arbeitnehmer-Pauschbetrag von 2.000,— DM bei der Einkommensteuer zu. Steuerliche Anerkennung finden allerdings Arbeitsverhältnisse unter Ehegatten nur, wenn sie **ernsthaft vereinbart** sind und entsprechend der Vereinbarung **tatsächlich durchgeführt** werden. Vertragsinhalt und Vertragsdurchführung müssen dem entsprechen, was zwischen **Fremden üblich** ist. Das Entgelt kann aus familiären Gründen auch niedriger als bei Dritten sein. Umgekehrt kann bei einer besonderen Vertrauensstellung der Lohn auch höher sein als bei vergleichbaren Arbeitnehmern. Die besondere Stellung muß allerdings im Betrieb bestehen und darf sich nicht allein aus der Ehegatteneigenschaft ergeben.

Der Lohn sollte auf ein **eigenes Konto** des Arbeitnehmer-Ehegatten überwiesen werden; eine jeweils alleinige Verfügungsbefugnis beider Ehegatten über das Konto, auf das das Gehalt gezahlt wird, steht der steuerlichen Anerkennung entgegen. Dies gilt ebenso für Hilfsleistungen, die üblicherweise auf familienrechtlicher Grundlage erbracht werden; sie eignen sich nicht als Inhalt eines mit einem Dritten zu begründenden Arbeitsverhältnisses.

Gesellschaften zwischen Ehegatten kommen meist zwischen **Freiberuflern,** z.B. Ärzten oder Anwälten, vor. Neben diesen Gesellschaften des bürgerlichen Rechts können auch andere Gesellschaftsformen, insbesondere Gesellschaften mit beschränkter Haftung, offene Handelsgesellschaften und Kommanditgesellschaften, von Ehegatten zur wirtschaftlichen Betätigung gegründet werden. Ohne ausdrücklichen Abschluß eines Gesellschaftsvertrages hat die Rechtsprechung gesellschaftsrechtliche Beziehungen zwischen den Ehegatten angenommen, wenn diese einen über den typischen Rahmen der ehelichen Lebensgemeinschaft hinausgehenden Zweck verfolgt haben. Bejaht wird dies bei einer gleichgeordneten Mitarbeit eines Ehegatten im Geschäft des anderen verbunden mit einer **Beteiligung an Gewinn und Verlust**. In diesem Fall steht dem mitarbeitenden Partner bei einer Scheidung ein angemessener Abfindungsanspruch zu.

• Bestehen Schadensersatzansprüche bei Verletzung des mitarbeitenden Ehegatten?

Wird der mitarbeitende Ehegatte durch einen Dritten verletzt und dadurch an seiner Mitarbeit gehindert, so hat er wegen Minderung seiner Erwerbstätigkeit Anspruch auf Schadensersatz.

3. „Schlüsselgewalt" und Vollmachten

a) Kann ein Ehegatte den anderen rechtsgeschäftlich verpflichten?

• Die Erteilung von Vollmachten

Beispiel: Frau Frieda Müller bestellt seit Jahren unter dem

Namen ihres Mannes Fritz Müller beim Großversandhaus Anna die Kleidung für die gesamte Familie. Sie unterschreibt die Bestellungsformulare auch mit „Fritz Müller". Als dieser einmal einen bunt gemusterten Anzug erhält, findet er das gar nicht gut und will nicht zahlen, da er nichts bestellt habe.

Die Eheschließung führt grundsätzlich nicht dazu, daß ein Ehegatte über Vermögen des anderen verfügen oder für diesen unbegrenzt Verbindlichkeiten eingehen könnte. Es steht den Partnern jedoch frei, sich gegenseitig Vollmachten zu erteilen. Verbreitet sind **Kontovollmachten.** Aber auch eine Generalvollmacht, die ein an das Haus gefesselter kranker Partner oder ein Geschäftsinhaber erteilt, kann mitunter zweckmäßig sein. Eine solche Vollmacht kann auch als sog. **Altersvorsorge-** oder **Betreuungsvollmacht** für den Fall der Hilfebedürftigkeit eines Ehegatten erteilt werden (§ 1896 BGB).

Vollmachten können, sofern bei ihrer Erteilung nichts anderes vereinbart wird, jederzeit **widerrufen** werden. Sie erlöschen im Zweifel nicht durch den Tod des Vollmachtgebers; jedoch können sie von dessen Erben widerrufen werden. Vollmachten bedürfen im Normalfall keiner Form. Doch ist zum Nachweis ihres Bestehens eine schriftliche Erteilung in der Praxis unerläßlich. Soll der Bevollmächtigte zu **Grundstücksgeschäften** berechtigt sein, muß die Unterschrift des Vertretenen zum Nachweis gegenüber dem Grundbuchamt notariell beglaubigt werden. Zu **beachten** ist, daß auch nach einem Widerruf der Vollmacht die hierüber erteilte Urkunde **zurückgefordert** werden muß, da sonst im Verhältnis zu Dritten, die vom Erlöschen keine Kenntnis haben, von ihrem Fortbestand auszugehen ist.

Auch ohne Erteilung einer Vollmacht kann ein Ehegatte durch Rechtsgeschäfte des anderen verpflichtet werden, wenn er den **Anschein einer Bevollmächtigung** gesetzt hat. Tritt z.B. ein Partner mehrmals für den anderen bei Bestellungen auf, so muß er sich dieses Handeln auch dann zurechnen lassen, wenn er davon zwar nichts weiß, es aber beispielswiese aus der Rechnungsanschrift hätte erkennen können. Ebenso ist dies, wenn ein Ehegatte es wissentlich geschehen läßt, daß der andere für ihn wie ein Vertreter auftritt.

- Was ist die „Schlüsselgewalt“?

Beispiel: Frieda hat vom Geiz ihres Mannes die Nase voll. Einerseits läßt er sie als „Frau eines Ministerialrats“ nicht arbeiten, andererseits erinnert er sie bei jeder Anschaffung daran, daß sie gebaut hätten und deshalb sparen müßten. Frieda geht deshalb zum Einkaufen und ersteht einen Kühlschrank für 500,— DM. Stolz über ihren „ersten Schritt zur Emanzipation“ kauft sie noch einen Pelzmantel für 28.000,— DM, der in monatlichen Raten à 700,— DM zu bezahlen ist. Als sie ihn am Abend ihrem Mann vorführt, erklärt dieser, er komme für ihre Verschwendungssucht nicht auf.

Vom Grundsatz der Vermögenstrennung der Ehegatten hat der Gesetzgeber in § 1357 BGB eine wichtige Ausnahme gemacht. Nach dieser Vorschrift ist jeder Ehegatte berechtigt, Geschäfte **zur angemessenen Deckung des Lebensbedarfs** der Familie auch mit Wirkung für den anderen zu besorgen. Die „Schlüsselgewalt“, die nach früherem Recht allein der Hausfrau eingeräumt wurde, steht nunmehr unabhängig von der Rollenverteilung beiden Ehegatten zu. Kauft beispielsweise der alleinverdienende Ehemann eine Spülmaschine, um sich seinen Anteil an der Haushaltsarbeit zu erleichtern, so haftet seine Frau auch dann für den Kaufpreis, wenn sie aus Gründen des Umweltschutzes gegen die Anschaffung war.

Die Vorschrift des § 1357 BGB geht in ihren Wirkungen über den Zweck, dem einkommenslosen, haushaltsführenden Ehegatten die Erfüllung seiner Aufgabe zu erleichtern, hinaus. Sie dient vorrangig dem Schutz der Geschäftspartner, die statt eines Schuldners allein aufgrund des Umstandes, daß es sich um Ehegatten handelt, plötzlich eine doppelte Sicherheit bekommen. Diese Rechtsfolge tritt sogar unabhängig davon ein, ob der Dritte weiß, daß sein Vertragspartner verheiratet ist. Ein Handeln (auch) im Namen des Ehegatten ist deshalb – anders als bei der Bevollmächtigung – nicht nötig. Vergleicht man die Lage bei einer Doppelverdienerehe mit zwei berufstätigen, unverheirateten Partnern, so erweist sich die Gläubigerbevorzugung als ein durch nichts zu begründendes Ärgernis.

Die Schlüsselgewalt **ruht**, wenn die Ehegatten getrennt leben. Dies ist der Fall, wenn zwischen ihnen keine häusliche Gemeinschaft mehr besteht und zumindest ein Ehegatte sie auch nicht mehr herstellen will. Auch hier ist die Kenntnis oder Unkenntnis des Vertragspartners von diesen Umständen unerheblich. Ungeklärt ist bisher, ob auch ein Getrenntleben innerhalb der gemeinschaftlichen Wohnung die Schlüsselgewalt ausschließt. Sicher ist, daß eine zeitweise Trennung durch eine berufsbedingte Abwesenheit und einen Krankenhausaufenthalt sie nicht entfallen lassen.

b) Welche Rechte gibt die „Schlüsselgewalt"?

Bei einer rechtsgeschäftlichen Bevollmächtigung bestimmt der Vollmachtgeber den Umfang der Vertretungsmacht. Die Rechtsmacht des § 1357 Abs. 1 BGB hat bereits der Gesetzgeber auf die Besorgung von Geschäften zur angemessenen Dekkung des Lebensbedarfs der Familie beschränkt. Er war der Auffassung, daß Geschäfte größeren Umfangs, die ohne Schwierigkeiten zurückgestellt werden können, nicht unter diesen Begriff fallen sollen. Gemeint sind somit in erster Linie Haushaltsgeschäfte wie z.B. die Beschaffung von Lebensmitteln, Kleidungsstücken, Haushaltsgeräten und Einrichtungsgegenständen für die Familie, Ausgaben für die Erziehung, den schulischen und Freizeitbedarf der Kinder sowie Verträge über die ärztliche Behandlung und den Kauf von Medikamenten (einschließlich der Antibabypille) und teilweise auch Geschäfte zur Deckung des Freizeitbedarfs der Familienmitglieder.

Nicht in den Rahmen der Schlüsselgewalt fallen Grundstückskäufe, der Erwerb von Luxusgegenständen, langfristige Verbindlichkeiten und Kreditverträge, die den Monatslohn des verdienenden Ehegatten übersteigen. Allgemein kann man sagen, daß nur solche Geschäfte von der Schlüsselgewalt gedeckt sind, über deren Abschluß vor ihrer Eingehung eine Verständigung zwischen den Ehegatten gewöhnlich als nicht notwendig angesehen wird und über die in der Regel auch keine vorherige Abstimmung stattfindet, also insbesondere die üblichen Bargeschäfte des Alltags.

Ob ein Geschäft im Einzelfall der angemessenen Deckung des Lebensbedarfs der Familie dient, bestimmt sich nach dem nach außen in Erscheinung tretenden **Lebenszuschnitt** der konkreten Familie. Lebt eine Familie aufwendiger als üblich, so soll der tatsächliche Lebenszuschnitt als angemessen gelten.

c) Welche Wirkungen hat die Schlüsselgewalt?

Beim Handeln aufgrund einer erteilten Vollmacht wird nur derjenige Ehegatte Vertragspartner, in dessen Namen gehandelt wurde. Dagegen werden durch Geschäfte, die ein Ehegatte im Rahmen der „Schlüsselgewalt" vornimmt, automatisch beide berechtigt und verpflichtet. Dies bedeutet, daß beide Ehegatten für den Kaufpreis haften. Der Vertragspartner kann ihn zwar nur einmal verlangen, aber auswählen, wen er in Anspruch nehmen will. Der interne Ausgleich ist Sache der Ehegatten. Der gemeinsamen Verpflichtung würde es entsprechend, daß die Ehegatten an angeschafften Gegenständen auch gemeinsames Eigentum erwerben. Die Rechtsprechung geht jedoch nicht davon aus, daß aufgrund der „Schlüsselgewalt" angeschaffte Gegenstände automatisch im Miteigentum beider Partner stehen. Maßgebend sei vielmehr der Wille des handelnden Ehegatten.

Wünschen die Ehegatten die Rechtsfolgen des § 1357 Abs. 1 S. 2 BGB nicht, steht es ihnen frei, bei Abschluß des Geschäftes etwas anderers zu vereinbaren. Eine Mitverpflichtung und Mitberechtigung des Partners scheidet auch aus, wenn ein Ehegatte die Grenzen der Schlüsselgewalt überschreitet. In diesem Fall haftet nur der handelnde Ehegatte.

d) Kann die Schlüsselgewalt ausgeschlossen oder beschränkt werden?

Beispiel: Ehemann Moritz inseriert im örtlich verbreiteten „Waldboten": „Für Schulden meiner Frau Frieda komme ich, Moritz Müller, ab sofort nicht mehr auf!".

Jeder Ehegatte kann die „Schlüsselgewalt" des anderen durch einseitige Erklärung jederzeit ausschließen oder beschränken. Insbesondere ist auch eine betragsmäßige Begrenzung der Handlungsmacht möglich. Allerdings bleibt dadurch die Haftung gegenüber Dritten unberührt. Kauft also die Ehefrau trotz der Beschränkung auf 300,— DM einen Staubsauger für 500,— DM haftet der Ehemann für den Kaufpreis. Dies läßt sich nur dadurch ausschließen, daß die Beschränkung oder der Ausschluß in das **Güterrechtsregister** eingetragen oder bestimmten Vertragspartnern **direkt bekannt gemacht wird.** Durch ein bloßes Zeitungsinserat läßt sich die Kenntnis des Vertragspartners praktisch kaum nachweisen.

Ist der betroffene Ehegatte mit der die Schlüsselgewalt beschränkenden Maßnahme des anderen nicht einverstanden, kann er beim Vormundschaftsgericht ihre Aufhebung beantragen, wenn sie ohne ausreichenden Grund erfolgte. War der Ausschluß berechtigt, kann der betroffene Ehegatte zwar weiter rechtsgeschäftlich handeln, er muß aber seine vertraglichen Verpflichtungen allein erfüllen.

4. Haftung und Verjährung bei Ansprüchen unter Ehegatten

a) Welcher Haftungsmaßstab gilt unter Ehegatten?

Beispiel: Frieda ist etwas „schusselig". Moritz liebt sie trotzdem. Das ändert sich schlagartig, als sie ein wenig glühende Zigarettenasche auf den von ihm geerbten Perserteppich fallen läßt und dadurch ein Loch entsteht. Als sie bei der Fahrt mit seinem neuen Auto auch noch eine rote Ampel übersieht und Moritz durch den daraus resultierenden Zusammenstoß mit einem anderen Pkw ein Schleudertrauma erleidet, will er schon aus pädagogischen Gründen Schadensersatz fordern.

Jeder Ehegatte hat auf die Angelegenheiten des anderen dieselbe Sorgfalt anzuwenden wie auf seine eigenen. Andererseits soll ein geschädigter Ehegatte seinen Partner, den er mit seinen – zunächst vielleicht sogar als liebenswert empfundenen – Schwächen geheiratet hat, nicht wie einen fremden Dritten für jedes Fehlverhalten verantwortlich machen können. Deshalb enthält § 1359 BGB eine Haftungserleichterung: Ehegatten haben bei Erfüllung aller sich aus dem ehelichen Verhältnis ergebenden Verpflichtungen nur für diejenige Sorgfalt einzustehen, welche sie **in eigenen Angelegenheiten** anzuwenden pflegen. Für vorsätzliches und grob fahrlässiges Handeln, d.h. wenn einfachste Überlegungen nicht angestellt und naheliegende Vorsichtsmaßnahmen nicht beachtet werden, wird aber in jedem Fall gehaftet.

Die Haftungsmilderung betrifft nicht nur Pflichtverletzungen im Rahmen der Haushaltsführung, sondern auch bei der Mitarbeit im Geschäft des Ehegatten und bei der Vermögensverwaltung. Es muß jedoch ein, wenn auch lockerer Zusammenhang mit dem häuslichen Bereich bestehen. Bei der Beteiligung am Straßenverkehr dürfen Ehegatten auch im Verhältnis zueinander nicht schlampiger sein als außenstehende Dritte; hier verbleibt es bei der Haftung für Verkehrsverstöße.

b) Können Ansprüche gegen den Partner durch die Heirat verloren gehen?

Beispiel: Die hübsche Frieda mißachtet die Vorfahrt und beschädigt den Kotflügel von Moritz. Als dieser ihre schönen blauen Augen sieht, kann er ihr nicht mehr böse sein. Sechs Monate später heiraten sie. Als sie sich ein Jahr darauf scheiden lassen, will Moritz die Kosten der Kotflügelreparatur ersetzt haben.

Die engen persönlichen Beziehungen der Ehegatten beeinflussen auch deren vermögensrechtliche Verhältnisse. So kann die Geltendmachung vermögensrechtlicher Ansprüche beschränkt oder sogar ausgeschlossen sein, wenn diese das eheliche Zusammenleben beeinträchtigen würde. Einem Ehegatten kann sogar bei einer klageweisen Durchsetzung seiner Ansprüche nach der Scheidung entgegengehalten werden, er hätte sich die Weiterverfolgung seiner Ansprüche **vorbehalten** müssen. Andernfalls müsse unterstellt werden, daß ein schuldhaftes Fehlverhalten des anderen Ehegatten verziehen sei und daraus auch später keine Ansprüche mehr hergeleitet würden.

c) Wann verjähren Ansprüche gegen den Ehegatten?

Nach § 204 S. 1 BGB ist die Verjährung von Ansprüchen zwischen Ehegatten gehemmt, solange die Ehe besteht. Die

Hemmung bewirkt, daß die Fristen für die Verjährung ab dem Tag der Eheschließung bis zu deren Scheidung nicht laufen. Diese Regelung dient der Wahrung des Familienfriedens. Der geschädigte Ehegatte soll nicht der Notwendigkeit ausgesetzt sein, während des Bestehens der Ehe gegen den anderen gerichtlich vorgehen zu müssen, um den Verjährungseintritt zu verhindern. Die Vorschrift gilt für **alle** Ansprüche, nicht nur für diejenigen, die sich aus dem ehelichen Verhältnis ergeben.

5. *Eigentumsvermutungen und Zwangsvollstreckung gegen Ehegatten*

a) *Was gilt hinsichtlich des Besitzes und der Lastentragung gemeinsam genutzter Gegenstände?*

Beispiel: Moritz hat Streit mit seiner Frau Frieda. Da er Alleineigentümer des gemeinsam bewohnten Einfamilienhauses und des Fernsehgeräts ist, droht er Frieda an, sie „vor die Türe zu setzen". Vorerst verbietet er ihr Fernsehsendungen mit Thomas Gottschalk, den Frieda besonders gerne sieht.

Bei intakter Ehe hat jeder Ehegatte unabhängig von den Eigentums- und sonstigen Rechtsverhältnissen ein aus dem Wesen der Ehe folgendes **Besitzrecht am Familienheim** und dem gemeinsam genutzten **Hausrat**. Dieses familienrechtliche Mitbenutzungsrecht besteht gerade auch dann, wenn das Familienheim im Eigentum nur eines Ehegatten steht oder ein Ehegatte Alleinmieter der Wohnung ist.

Die eheliche Lebensgemeinschaft hat auch Bedeutung für die Tragung der Unterhaltskosten gemeinsam benutzter Gegenstände. Entscheidend ist auch hier nicht die sachenrechtliche Zuordnung, sondern der gelebte Ehetyp. Deshalb kann sich aus der Gestaltung der ehelichen Lebensverhältnisse ergeben, daß der alleinverdienende Ehegatte die gesamten Zins- und Tilgungsleistungen für das im Miteigentum stehende Eigenheim tragen muß, während der andere Ehegatte seinen Beitrag zur Lebensgemeinschaft durch die Haushaltsführung und Kinderbetreuung erbringt. Eine Rückerstattung kommt auch bei einem späteren Scheitern der Ehe nicht in Betracht.

Bei einer **Mietwohnung** hat der Gesetzgeber dem überlebenden Ehegatten beim Tode seines Partners einen Bestandsschutz gewährt: Der überlebende Ehegatte tritt unabhängig davon, ob beide Ehegatten oder nur der verstorbene den Mietvertrag unterzeichnet hatten, in den Mietvertrag ein. Die Fortsetzung des Mietverhältnisses erfolgt unabhängig davon, ob der hinterbliebene Ehegatte Erbe wird oder nicht (§§ 569 a, 569 b BGB).

b) Wie regelt das Gesetz die Eigentumsverhältnisse zwischen den Ehegatten?

Beispiel: Moritz ist Jurist, seine Frau Frieda Ärztin. Während der Ehe hat Moritz mit dem gemeinsamen Haushaltsgeld einen Videorecorder gekauft. Als Moritz Fußball und Frieda das Frauenmagazin aufzeichnen wollen, streiten sie über die Eigentumsverhältnisse. Moritz meint, daß ein technisches Gerät ihm ebenso allein gehören müßte wie seine juristischen Bücher, Frieda könne den Recorder gar nicht anschließen und bedienen.

Bei **beweglichen Sachen** sind die Eigentumsverhältnisse oft unklar, da sich die Ehegatten bei ihrem Erwerb hierüber keine Gedanken zu machen pflegen. Außerdem erfolgt ihre Benutzung ohnehin unabhängig von den Eigentumsverhältnissen. Werden Haushaltsgegenstände im Rahmen der „Schlüsselgewalt" angeschafft, so stehen diese nicht automatisch im hälftigen Miteigentum beider Ehegatten. Für die **ausschließlich zum persönlichen Gebrauch** eines Ehegatten bestimmten Sachen stellt das Gesetz (§ 1363 Abs. 2 BGB) die Vermutung auf, daß sie demjenigen Ehegatten gehören, für dessen Gebrauch sie bestimmt sind. Diese Vermutung gilt sowohl für das Verhältnis der Ehegatten zueinander als auch gegenüber Gläubigern. Unter diese Bestimmung fallen Kleidungsstücke, Schmucksachen und die der Berufsausübung dienenden Gegenstände, nicht aber ein von beiden Partnern benutzter Videorecorder.

c) Können Gegenstände eines Ehegatten wegen Schulden des anderen gepfändet werden?

Beispiel: Frieda zahlt ihre Schulden nicht. Der Gerichtsvollzieher klebt den „Kuckuck“ auf die im Alleineigentum von Moritz stehende Hifi-Anlage und ein wertvolles juristisches Buch. Dieser weist darauf hin, daß im gesetzlichen Güterstand kein Ehegatte für Schulden des anderen hafte und beide Gegenstände ihm gehörten.

Für den Gläubiger eines Ehegatten ist es praktisch unmöglich nachzuweisen, ob ein Gegenstand, der sich in der Ehewohnung befindet, dem einen oder dem anderen Ehegatten gehört. Zu seinen Gunsten wird deshalb vermutet, daß die im Besitz eines oder beider Ehegatten befindlichen Sachen gerade dem Ehegatten gehören, der bei ihm Schulden hat (§ 1362 BGB). Dies gilt **nicht** beim Getrenntleben und für die ausschließlich zum persönlichen Gebrauch eines Ehegatten bestimmten Sachen (wie hier dem juristischen Fachbuch). Der Gerichtsvollzieher darf eine Sache auch dann pfänden und wegnehmen, wenn sie sich im Alleinbesitz eines oder im Mitbesitz beider Ehegatten befindet (§ 739 ZPO). Will der nicht schuldende Ehegatte gegen die Pfändung einer ihm gehörenden Sache vorgehen, so muß er Klage erheben und beweisen, daß er Eigentümer ist. Dazu kann es hilfreich sein, ein schriftliches **Vermögensverzeichnis** aufzustellen, bei Bedarf zu ergänzen und die Unterschriften beider Ehegatten jeweils von einem Notar beglaubigen zu lassen. Auf diese Weise ist dem Gläubiger der Einwand abgeschnitten, das Verzeichnis sei erst nachträglich aufgestellt und rückdatiert worden.

6. Familienunterhalt

Die eheliche Solidarität gebietet es, daß die Ehegatten durch ihre Arbeit und mit ihrem Vermögen die Familie angemessen unterhalten (§ 1360 BGB). Die Ehegatten sind in Notfällen gehalten, alle verfügbaren Mittel miteinander und mit den Kindern zu teilen (§ 1603 Abs. 2 BGB).

a) Welche Personen sind unterhaltsberechtigt?

Beispiel: Frau Müller erhält von ihrem Mann für sich und die beiden gemeinschaftlichen Kinder ein Haushaltsgeld, für ihren vorehelichen Sohn Siegfried, der mit in den Haushalt aufgenommen ist, will er jedoch nicht zahlen.

Der Unterhalt ist nicht auf die Bedürfnisse der Ehegatten beschränkt. Geschuldet ist ein Beitrag zum Unterhalt der „Familie". Zu ihr gehören auch die im Haushalt lebenden gemeinsamen Kinder. Dagegen kann ein Ehegatte nicht vom anderen verlangen, daß dieser auch für Kinder aus erster Ehe oder nichteheliche Kinder Unterhalt leistet. Um diese nicht zu den sprichwörtlichen „Stiefkindern" werden zu lassen, wenn der eigene Elternteil über keine eigenen Einkünfte verfügt oder keine Zeit zur Betreuung hat, sind – auch stillschweigend praktizierte – Abreden über ihre Versorgung möglich.

Den Unterhalt für die gemeinsamen Kinder kann ein Elternteil vom anderen verlangen. Daneben bestehen eigene Unterhaltsansprüche der Kinder. Häufig übersehen, aber bei einer Pflegebedürftigkeit von großer Bedeutung sind die Unterhaltsansprüche hilfsbedürftiger Eltern gegen ihre Kinder. Die Einzelheiten regeln die §§ 1601 ff. BGB. Eine Unterhaltspflicht besteht danach nur unter **Verwandten in gerader Linie**, d.h. solchen, die voneinander abstammen, also nicht zwischen Geschwistern, Neffen und Nichten zu Onkel und Tante. Der Unterhaltsberechtigte muß **bedürftig**, der Inanspruchgenommene **leistungsfähig** sein. Zum Unterhalt werden zunächst der Ehegatte, dann Abkömmlinge und zuletzt Verwandte aufsteigender Linie, also Eltern, Großeltern etc., herangezogen.

b) Was umfaßt die Unterhaltspflicht?

Beispiel: Moritz fordert von Frieda genaue Rechenschaft über die von ihr verbrauchten Gelder. Frieda meint, ihr stünde mindestens ein Viertel seines Nettoeinkommens zur freien Verfügung zu.

Der gesetzlich geschuldete angemessene Unterhalt der Familie umfaßt alles, was nach den Verhältnissen der Ehegatten erforderlich ist, um die Kosten des Haushalts zu bestreiten und die persönlichen Bedürfnisse der Ehegatten und den Lebensbedarf der gemeinsamen unterhaltsberechtigten Kinder zu befriedigen. Hierzu gehören etwa die Kosten für die Nahrungsmittel, die Wohnung und deren Einrichtung, die Kleidung und kulturelle Bedürfnisse. Aber auch die Kosten für einen Rechtsstreit in persönlichen Angelegenheiten, z.B. über ein Schmerzensgeld, sind vorzuschießen. Der geschuldete Unterhalt wird durch Leistung von Haushaltsgeld und – vom nicht erwerbstätigen Partner – durch Haushaltsführung erbracht. Daneben steht jedem Ehegatten ein **Taschengeld** zu, über das er, ohne dem anderen Partner Rechenschaft geben zu müssen, frei verfügen kann. Seine Höhe richtet sich nach dem Vermögen, dem Einkommen und dem Lebensstil der Ehegatten und beträgt etwa fünf Prozent des verfügbaren gemeinsamen Nettoeinkommens. Gläubiger eines Ehegatten können diesen Taschengeldanspruch wie eine Unterhaltsrente pfänden, wenn das Taschengeld zusammen mit weiteren Einkünften die Pfändungsgrenze des § 850 c ZPO (ca. 754,— DM pro Monat) übersteigt.

c) Welche Unterhaltsansprüche bestehen zwischen getrenntlebenden Ehegatten?

Beispiel: Moritz und Frieda geben ihrer Ehe keine Chance mehr und wollen sich scheiden lassen. Frieda hat bisher den Haushalt versorgt. Moritz ist der Ansicht, nun müsse sie wieder Geld verdienen.

Auch bei Getrenntleben kann ein Ehegatte von dem anderen den nach den Lebens-, Erwerbs- und Vermögensverhältnissen angemessenen Unterhalt verlangen. Dabei kann der nicht erwerbstätige Ehegatte nur dann darauf verwiesen werden, seinen Unterhalt durch eine Erwerbstätigkeit selbst zu verdienen, wenn dies von ihm nach seinen persönlichen Verhältnissen, insbesondere wegen einer früheren Erwerbstätigkeit unter Berücksichtigung der Dauer der Ehe, und nach den wirtschaftlichen Verhältnissen der Ehegatten erwartet werden kann (§ 1361 BGB). Die Hausfrau, die vor der Trennung längere Zeit nicht berufstätig war, soll grundsätzlich nicht sofort wieder arbeiten müssen. Sie darf so weiterleben wie bisher. Dauert die Trennung längere Zeit, etwa ein Jahr, trifft aber auch sie eine Erwerbsobliegenheit.

7. Der Familien-, Geburts- und Ehename

a) Welche Wahlmöglichkeiten hinsichtlich ihres Namens haben Ehegatten?

Beispiel: Frau Frei und Herr Müller lieben sich, aber jeder von ihnen möchte seinen Namen behalten. Auf ihre dementsprechende Erklärung meint der Standesbeamte, dann würden sie eben „Müller" heißen.

Äußeres Zeichen der durch die Heirat geschaffenen Einheit der Ehegatten ist ihr gemeinsamer Name, der sog. **Ehename** (§ 1355 Abs. 1 BGB). Dieser Name wird auch der **Familienname der ehelichen Kinder** (§ 1616 BGB). Welcher Name zum Zu- oder Nachnamen wird, wie man ihn meist bezeichnet, bestimmen die Eheschließenden durch gemeinsame Erklärung gegenüber dem Standesbeamten. Die getroffene Namenswahl ist ab Eheschließung **unwiderruflich.** Das Wahlrecht der Partner besteht zwischen dem Geburtsnamen des Mannes und der Frau. Geburtsname kann auch ein durch Adoption erworbener Name, nicht aber ein Name aus einer früheren Ehe sein. Ihre königliche Hoheit Prinzessin Esmeralda zu Hohenberg, geborene Hinterhuber, kann deshalb derzeit ihren zweiten Mann nur zum „Hinterhuber", aber nicht zur königlichen Hoheit machen.

Der Ehegatte, dessen Geburtsname nicht Ehename wird, kann den Geburtsnamen oder einen sonstigen zur Zeit der Eheschließung geführten Namen, also auch den Namen aus einer früheren Ehe, dem Ehenamen voranstellen. Er erhält damit einen Doppelnamen, z.B. Frei-Müller. Erforderlich ist eine öffentlich beglaubigte Erklärung gegenüber dem Standesbeamten, die auch nach der Eheschließung noch möglich ist. Der vorangestellte sog. **Begleitname** wird nicht Name der Kinder, sondern bleibt persönlicher Namenszusatz des betreffenden Ehegatten.

§ 1355 Abs. 2 S. 2 BGB sah für den Fall, daß sich die

Ehegatten auf Befragen des Standesbeamten nicht auf einen gemeinsamen Namen einigen konnten, vor, daß der Geburtsname des Mannes der Ehename wird. Diesem „männlichen Egoismus" hat das Bundesverfassungsgericht dadurch einen Schlußstrich gezogen, daß es diese Vorschrift für ungültig erklärt hat.

Treffen bis zu einer gesetzlichen Neuregelung die Partner bei einer Eheschließung keine Namenswahl, so behält vorläufig jeder Ehegatte den von ihm zur Zeit der Eheschließung geführten Namen, und zwar unabhängig davon, ob es sich um den Geburtsnamen handelt. Führen die Ehegatten danach keinen gemeinsamen Familiennamen, so kann als Name eines ehelichen Kindes der Name des Vaters, der Name der Mutter oder ein aus diesen Namen in beliebiger Reihenfolge gebildeter Doppelname gewählt werden. Treffen die Eltern keine Bestimmung, so erhält das Kind einen Doppelnamen, über die Reihenfolge der Namen entscheidet das Los.

Gem. Art. 234 § 3 EGBGB konnten Ehegatten aus den neuen Bundesländern in öffentlich beglaubigter Form innerhalb eines Jahres ab 3.10.1990 gegenüber dem Standesbeamten Erklärungen zum Ehenamen entsprechend den Regelungen des BGB abgeben.

b) Was bringt die geplante Namensreform?

Nach der geplanten Neuregelung des Namensrechts können Eheschließende ihre Geburtsnamen, möglicherweise sogar einen bei der Heirat geführten Namen aus einer früheren Ehe, behalten oder sich auf einen gemeinsamen Familiennamen einigen. Nach der Heirat soll den Ehegatten die Möglichkeit verbleiben, jederzeit doch noch einen gemeinsamen Ehenamen anzunehmen. Auch für Altehen, die vor dem Inkrafttreten des neuen Rechts abgeschlossen wurden, soll es großzügige Wahlmöglichkeiten geben.

Hinsichtlich des Kindesnamens scheinen die vorstehend dargestellten Übergangsregelungen Dauerrecht zu werden. Auch hier wird wohl den Ehegatten die Türe zu einem einheitlichen Namen offengehalten. Ob der Gesetzgeber das Recht zur Namenswahl bei jedem Kind neu eröffnet, so daß ein Kind

Hans Müller, eines Peter Frei und ein drittes Gabi Müller-Frei heißt, erscheint fraglich und auch wenig wünschenswert.

c) Welchen Namen führt der verwitwete oder geschiedene Ehegatte?

Beispiel: Frau Müller, geborene Frei, verwitwete Hinterhuber, möchte nach der Scheidung von Herrn Müller wieder Hinterhuber heißen. Ihr wird die Auskunft gegeben, sie könne nur zwischen „Müller" und „Frei" wählen.

Der verwitwete oder geschiedene Ehegatte behält den gemeinsamen Namen. Er kann allerdings durch öffentlich beglaubigte Erklärung gegenüber dem Standesbeamten seinen Geburtsnamen oder den Namen, den er zur Zeit der Eheschließung geführt hatte, also auch den Namen aus einer früheren Ehe, wieder annehmen. Zu beachten ist, daß es sich in der zweiten Alternative um einen bei der Eheschließung geführten Namen handeln muß. Es ist also nicht möglich, daß ein Ehegatte einen Namen aus einer früheren Ehe wählt, den er bereits abgelegt hatte. Hieß Frau Müller bei Eheschließung Frei, kann sie nur diesen Namen wählen, hieß sie Hinterhuber, hat sie die Wahl zwischen „Hinterhuber" und „Frei". Die Namenswahl kann später nicht mehr widerrufen werden.

8. Die Staatsangehörigkeit der Ehegatten

Beispiel: Frau Frei heiratet den Herrn Michalowicz, der die polnische Staatsangehörigkeit besitzt. Sie befürchtet, dadurch die deutsche Staatsangehörigkeit zu verlieren. Ihr Ehemann glaubt, er wäre durch die Heirat Deutscher.

Bei Eheschließung zwischen einem deutschen Partner und einem Ausländer behält der deutsche Ehegatte seine Staatsangehörigkeit. Ebenso erwirbt der ausländische Ehegatte durch die Heirat nicht automatisch die deutsche Staatsangehörigkeit.

Der deutsche Ehegatte kann allerdings, wenn dies das Heimatrecht seines Partners vorsieht, die ausländische Staatsangehörigkeit beantragen. Dann verliert er die deutsche Staatsangehörigkeit (§ 25 Reichs- und Staatsangehörigkeitsgesetz). Umgekehrt kann der ausländische Ehegatte eines Deutschen unter erleichterten Voraussetzungen **eingebürgert** werden: Sofern nicht erhebliche Belange der Bundesrepublik Deutschland entgegenstehen, z.B. bei einem international gesuchten Terroristen, soll die Einbürgerung erfolgen, wenn der ausländische Partner seine bisherige Staatsangehörigkeit verliert oder aufgibt und gewährleistet ist, daß er sich in die deutschen Lebensverhältnisse einordnet (§§ 8, 9 Reichs- und Staatsangehörigkeitsgesetz).

9. Die Besteuerung der Ehegatten

a) Wie wirkt sich die Eheschließung auf die Einkommensteuer aus?

Beispiel: Moritz ist selbständig und erzielt ein steuerpflichtiges Einkommen von 100.000,— DM. Seine Freundin Frieda erklärt ihm, wenn er sie heirate, müsse er nur die Hälfte der Steuern bezahlen. Moritz ist skeptisch.

Die Eheschließung gibt den Ehegatten bei der Einkommensteuer zahlreiche Wahlmöglichkeiten:

- Bei Einkünften aus **nichtselbständiger** Tätigkeit sind die Arbeitnehmer in sechs Steuerklassen eingeteilt. Verheiratete Beschäftigte fallen in die Steuerklassen III mit V. Sind beide Ehegatten berufstätig, so können sie wählen, ob sie die Steuerklasse III für den besser Verdienenden und V für den schlechter Verdienenden oder bei ungefähr gleichem Verdienst beide IV auf der Lohnsteuerkarte eintragen lassen. Dadurch ergibt sich zwar keine endgültige Besser- oder Schlechterstellung hinsichtlich der Steuerschuld, jedoch lassen sich dadurch hohe Steuerabzüge vermeiden. Als Faustregel gilt: Die Kombination III/V ist dann günstiger, wenn der Ehegatte mit dem niedrigeren Lohn höchstens 40 Prozent der Gesamtbezüge der Ehegatten hat.
- Bei Ehegatten, die zur Einkommensteuer veranlagt werden (dies ist der Fall, wenn die Einkünfte beider Ehegatten mehr als 54.000,— DM betragen), können diese zwischen der **Zusammenveranlagung** und der **getrennten Veranlagung** wählen (§§ 25 ff. EStG). Diese Möglichkeit besteht

unabhängig vom Güterstand. Auch in Gütertrennung lebende Ehegatten können also die steuerlichen Vorteile der Zusammenveranlagung in Anspruch nehmen.

Die Zusammenveranlagung hat zur Folge, daß die Einkünfte beider Ehegatten zusammengerechnet werden. Die Einkommensteuer bestimmt sich nach der sog. **Splitting-Tabelle**. Dies bedeutet, daß die Ehegatten so gestellt werden, als ob jeder von ihnen die Hälfte des gemeinsamen Einkommens erzielt hätte. Dadurch wird der Grundfreibetrag (derzeit 5616,— DM) doppelt in Ansatz gebracht und die Steuerprogression vermindert. So beträgt die Einkommensteuer derzeit bei einem Ledigen für 100.000,— DM 30.743,— DM, für Ehegatten bei Zusammenveranlagung 22.168,— DM. Da die Ehegatten bei getrennter Veranlagung grundsätzlich wie Unverheiratete behandelt werden, führt die Zusammenlegung zu einem erheblichen Steuervorteil.

Die Zusammenveranlagung ist nur möglich, wenn die Ehegatten nicht im ganzen Kalenderjahr getrennt, also mindestens einen Tag zusammen gelebt haben. Auch im Jahr der Eheschließung ist für das ganze Jahr die Zusammenveranlagung möglich; hier kann bei Bestehen eines Haushaltsfreibetrags für Alleinerziehende oder beim auch durch die Heirat nicht gemindernden Spitzensteuersatz eines Ehegatten die getrennte Veranlagung sinnvoll sein (§ 26 c EStG).

- Zu erwähnen ist schließlich noch, daß den Sonderausgabenabzug nach § 10 e EStG (frühere § 7b-Abschreibung) Ehegatten für insgesamt zwei Objekte in Anspruch nehmen könnnen. Unverheiratete haben diese Möglichkeit nur für eine Wohnung oder ein Haus. Ehegatten können den Abzug allerdings nicht gleichzeitig für zwei in räumlichem Zusammenhang belegene Objekte vornehmen. Auch hier lassen sich durch Verteilung der Freibeträge bei der Eintragung auf der Lohnsteuerkarte des besser Verdienenden Steuervorteile erzielen.

b) Welche weiteren Steuervorteile bringt die Ehe?

Beispiel: Moritz hat ein Sparbuch mit 100.000,— DM. Als ehrlicher Bürger bezahlt er dafür Vermögensteuer. Außerdem möchte er von Frieda, mit der er unverheiratet zusammenlebt, einen halben Miteigentumsanteil von deren Bauplatz kaufen. Frieda plädiert wieder für die Heirat.

Auch bei der **Vermögensteuer** gibt es die Zusammenveranlagung der Ehegatten (§ 14 VStG). Der Freibetrag von derzeit 70.000,— DM wird auf 140.000,— DM verdoppelt. Die Zusammenveranlagung mit Kindern führt darüberhinaus zu einem Familienlastenausgleich. Stichtag ist hier jeweils der 1. Januar null Uhr.

Erwirbt ein Ehegatte vom anderen ein Grundstück (mit oder ohne Gebäude) oder ein Erbbaurecht, so fällt hierfür **keine Grunderwerbsteuer** an (§ 3 Nr. 4 GrEStG).

Auch bei der **Erbschaft-** und **Schenkungsteuer** werden Ehegatten begünstigt. Steuerfrei sind Schenkungen und Erbschaften, die einen Betrag von derzeit 250.000,— DM (§ 16 ErbStG) innerhalb von zehn Jahren nicht übersteigen. Beim Tode seines Partners erhält der überlebende Ehegatte ferner einen Versorgungsfreibetrag in derselben Höhe; dieser wird allerdings gekürzt, wenn der hinterbliebene Ehegatte eine Witwen- bzw. Witwerrente aus der gesetzlichen Rentenversicherung erhält. Das zu versteuernde geschenkte oder ererbte Vermögen wird nach den Sätzen der Steuerklasse I versteuert, die den Ehegatten nochmals gegenüber anderen Personen, z.B. Eltern oder Lebensgefährten besser stellt. Daneben gibt es eine Reihe von weiteren Freibeträgen, z.B. für den Hausrat in Höhe von derzeit 40.000,— DM und sonstige Mobilien in Höhe von 5.000,— DM sowie die Steuerfreiheit für den Unterhalt innerhalb von dreißig Tagen nach dem Tode des Ehegatten.

10. Die erbrechtliche Stellung der Ehegatten

a) Was erhält der überlebende Ehegatte beim Tode seines Partners?

Beispiel: Moritz ist verstorben. Außer seiner Ehefrau Frieda lebt nur noch die Schwester von Moritz, mit der dieser seit Jahren Streit hatte. Frieda geht davon aus, daß sie Alleinerbin ist. Moritz und Frieda lebten im gesetzlichen Güterstand.

Der überlebende Ehegatte ist nach § 1931 BGB gesetzlicher Erbe des Verstorbenen. Die Höhe seines Erbteils richtet sich danach, wer sonst noch Erbe ist und welcher Güterstand bestanden hat. Mindestens erbt der überlebende Ehegatte ein Viertel. Nur wenn keine Abkömmlinge, Eltern und deren Abkömmlinge sowie Großeltern des Partners noch leben, erhält der Ehegatte die ganze Erbschaft. Sind also Geschwister des Verstorbenen vorhanden, so beträgt die Erbquote des überlebenden Ehegatten beim gesetzlichen Güterstand nur drei Viertel, der Rest geht an die Geschwister oder deren Kinder. Dieses Ergebnis läßt sich leicht durch eine **Einsetzung** des Partners **zum Alleinerben** vermeiden; die Geschwister des Verstorbenen haben dann keinerlei (Pflichtteils-)Ansprüche.

Der Ehegatte erhält ferner die zum ehelichen Haushalt gehörenden Gegenstände sowie die Hochzeitsgeschenke als **Voraus** (§ 1932 BGB). Erbt er neben Kindern seines Partners, so gebühren ihm diese Gegenstände nur, soweit er sie zur Führung eines angemessenen Haushalts benötigt. Dieser Voraus steht dem Ehegatten **nur** zu, wenn er **gesetzlicher Erbe** wird, also nicht, wenn er aufgrund eines Testaments oder Erbvertrages erbt. Besteht zwischen den Hinterbliebenen Streit, wie der verstorbene Ehegatte zu bestatten ist, hat der Wille des überlebenden Ehegatten Vorrang. Dies gilt auch bei einer späteren Umbettung.

b) Was erhält der enterbte Ehegatte?

Beispiel: Moritz hat heimlich ein Testament errichtet und seinen Neffen Max zum Alleinerben eingesetzt, da er Angst hat, Frieda könnte wieder heiraten und den Familienbetrieb in fremde Hände bringen. Was steht Frieda zu?

Der enterbte Ehegatte ist **pflichtteilsberechtigt** (§ 2303 Abs. 2 BGB). Der Pflichtteil beträgt die Hälfte des gesetzlichen Erbteils und richtet sich als Geldzahlungsanspruch gegen den Erben. Der Anspruch **verjährt** innerhalb von drei Jahren ab Kenntnis von der Enterbung, falls er nicht anerkannt oder gerichtlich geltend gemacht wurde. Neben dem Pflichtteil kann der überlebende Ehegatte beim gesetzlichen Güterstand den **Zugewinn** geltend machen.

11. Krankenversicherung und Witwen-/Witwerrente

a) Muß für die Hausfrau eine eigene Krankenversicherung abgeschlossen werden?

Beispiel: Frieda, die den Haushalt führt, geht mit einem Krankenschein ihres Mannes zum Zahnarzt, der schickt ihr daraufhin eine Rechnung als Privatpatientin.

Der Ehegatte eines Partners, der in der gesetzlichen Krankenversicherung versichert ist, kann davon ausgehen, daß er im Regelfall ohne zusätzlichen Beitrag **mitversichert** ist. Das gleiche gilt für unterhaltsberechtigte **Kinder**. Nur wenn die Angehörigen über bestimmte Höchstsätze (1992 500,— DM monatlich) hinaus **eigene Einkünfte** haben oder ihre wöchentliche Arbeitszeit 14 Stunden übersteigt, müssen sie sich selbst versichern. In der Familienkrankenhilfe werden grundsätzlich Leistungen im gleichen Umfang wie an den Versicherten erbracht. Krankengeld wird allerdings nicht gewährt. Die Familienkrankenhilfe wird bis zu einer Woche nach dem Tode des Versicherten gewährt. Auf dem Krankenschein ist üblicherweise ein Feld mit der Bezeichnung „Familienangehöriger" anzukreuzen bzw. auszufüllen.

b) Wann erhält der Ehegatte eine Hinterbliebenenrente?

Beispiel: Moritz ist ganztags, Frieda halbtags erwerbstätig. Moritz befürchtet, daß er beim Tode von Frieda keine „Witwerrente" erhält?

Die seit 1986 geltende Neuregelung der Hinterbliebenenversorgung stellt sicher, daß Witwen und Witwer unter den gleichen Voraussetzungen einen Anspruch auf Hinterbliebenenrente haben. Voraussetzung ist grundsätzlich, daß der Versicherte die **Wartezeit von 60 Monaten** erfüllt hat. Ist der hinterbliebene Ehegatte noch nicht 45 Jahre alt und kinderlos, so beträgt die Rente 25 v.H. der Versichertenrente im Todeszeitpunkt einschließlich einer Anrechnungszeit (kleine Witwenrente). Ist wenigstens ein waisenrentenberechtigtes Kind zu erziehen oder besteht beim Hinterbliebenen Berufs- oder Erwerbsunfähigkeit, so beträgt die Rente 60 v.H. derjenigen Rente, die dem Versicherten im Todeszeitpunkt mit Zurechnungszeit zugestanden hätte, wenn er erwerbsunfähig geworden wäre. Gleiches gilt, wenn der Hinterbliebene das 45. Lebensjahr vollendet hat (große Witwenrente). Auf diesen Rentenanspruch wird eigenes Einkommen des Witwers oder der Witwe in Höhe von 40 v.H. angerechnet, soweit es einen bestimmten Freibetrag (das 26,4-fache des aktuellen Rentenwerts; 1992 beträgt der aktuelle Rentenwert 41,44 DM) übersteigt.

Der hinterbliebene Ehegatte erhält, um ihm die Umstellung auf die neuen Lebensverhältnisse finanziell zu erleichtern, für die auf den Sterbemonat des Ehegatten folgenden drei Monate Rentenbezüge in der Höhe, in der ein Anspruch des Verstorbenen auf Rente wegen Erwerbsunfähigkeit bestand oder bestanden hätte. Einkommensanrechnungen erfolgen nicht.

Heiraten Bezieher einer Witwen- oder Witwerrente wieder, so fällt ihre Rente weg. Sie erhalten allerdings bei der ersten Wiederheirat eine Abfindung. Diese beträgt das Vierundzwanzigfache der in den letzten zwölf Monaten durchschnittlich gezahlten Rente. Wird die neue Ehe geschieden, so lebt die Hinterbliebenenrente trotz Abfindung wieder auf, wenn innerhalb von zwölf Monaten ein entsprechender Antrag gestellt wird (**Witwenrente oder Witwerrente nach dem vorletzten Ehegatten**). Aus der aufgelösten Ehe erworbene Versorgungs-, Unterhalts- oder Rentenansprüche sind auf die wiederaufgelebte Rente anzurechnen. Eine gezahlte Abfindung ist in monatlichen Teilbeträgen einzubehalten.

12. Weitere Wirkungen der Ehe

Die Ehe wird im verschiedenen Rechtsbeziehungen als soziale Einheit anerkannt und berücksichtigt: So erhalten **im öffentlichen Dienst Beschäftigte** einen höheren Ortszuschlag. Umgekehrt müssen sich Ehegatten bei den Leistungen der Sozial- und Arbeitslosenhilfe das Einkommen des Partners anrechnen lassen.

Die gleichgerichteten Vermögensinteressen und die Möglichkeit, Vermögen dem Gläubigerzugriff durch interne Rechtsgeschäfte zu entziehen, hat dazu geführt, daß unentgeltliche Verfügungen zugunsten des Ehegatten angefochten werden können, wenn sie innerhalb von zwei Jahren vor **Konkurseröffnung** oder einer fruchtlos verlaufenden Zwangsvollstreckung erfolgen (§ 32 KO, § 3 Nr. 4 AnfG). Dies gilt in gleicher Weise für entgeltliche Verfügungen, wenn sie ein Jahr vor diesem Termin erfolgen (§ 31 KO, § 3 Nr. 2 AnfG). Auch im **Vergleichsverfahren** werden Ehegattengeschäfte berücksichtigt (§ 4 Abs. 1 VerglO).

Auch der häufig unternommene Versuch, durch Schenkungen oder sonstige Zuwendungen an den Ehegatten nichteheliche oder ersteheliche Kinder **erbrechtlich** zu benachteiligen, ist nicht unbeschränkt möglich. Schenkt der Ehemann sein Haus seiner Ehefrau, damit sein erstehelicher Sohn darauf im Fall seines Todes keine Ansprüche hat, ist § 2325 BGB zu beachten. Das pflichtteilsberechtigte Kind kann verlangen, daß der Wert des Hauses zur Berechnung seines Pflichtteilsanspruchs dem Nachlaß hinzugerechnet wird. Dies ist auch der Fall, wenn der Ehemann nach Eigentumsumschreibung auf seine Frau noch zehn Jahre lebt; die Zehn-Jahres-Frist gilt nämlich – was häufig übersehen wird – bei Schenkungen unter Ehegatten nicht, solange die Ehe besteht.

V. Eheliches Güterrecht

Beispiel: Frieda ist seit 25 Jahren glücklich verheiratet. Sie ist stets davon ausgegangen, daß mit Eheschließung ihr und ihrem Mann alles gemeinsam gehört habe, da sie kraft Gesetzes in Gütergemeinschaft lebten. Ihrem Schwiegersohn, der ihr sagt, das wäre falsch, will sie nicht glauben.

Die Eheschließung begründet zwischen den Ehegatten nicht nur persönliche, sondern auch **vermögensrechtliche** Beziehungen. Diese behandelt das eheliche Güterrecht (§§ 1363 – 1563 BGB). In seinen Vorschriften sind insbesondere die Auswirkungen der Ehe und deren Auflösung auf das bereits vorhandene oder während der Ehe erworbene Vermögen der Ehegatten geregelt.

Im Ehegüterrecht unterscheidet man zwischen dem **gesetz-**

lichen Güterstand der **Zugewinngemeinschaft** und den **vertraglichen** Güterständen der **Gütertrennung** und der **Gütergemeinschaft**. Eheleute leben im gesetzlichen Güterstand, wenn sie keinen notariellen Ehevertrag vereinbart haben.

1. Der gesetzliche Güterstand der Zugewinngemeinschaft

a) Was bedeutet „Zugewinngemeinschaft"?

Beispiel: Frieda ist noch nicht voll überzeugt. Schließlich führe der gesetzliche Güterstand die Bezeichnung Zugewinngemeinschaft, d.h. es müsse auch gemeinschaftliches Vermögen bestehen.

Die durch das Gleichberechtigungsgesetz als gesetzlicher Güterstand eingeführte Zugewinngemeinschaft sollte der haushaltsführenden Ehefrau eine Beteiligung am Zugewinn des Mannes gewährleisten. Vermögen, das während der Ehe erwirtschaftet wird, wird als von beiden Ehegatten gleichermaßen „verdient" angesehen. Allerdings verwirklicht das Gesetz diesen Gedanken nicht durch eine eigentumsmäßige Mitberechtigung beider Ehegatten. **Jeder** Ehegatte bleibt vielmehr **alleiniger** Inhaber seines Vermögens und verwaltet es auch selbständig und in eigener Verantwortung. Lediglich bei Rechtsgeschäften über das Vermögen im ganzen oder über Haushaltsgegenstände bestehen **Verfügungsbeschränkungen**. Erst bei Beendigung des Güterstandes, vor allem bei Scheidung oder Tod eines Ehegatten, wird die gegenseitige Teilhabe am Zugewinn durch dessen Ausgleich realisiert.

b) Vermögenstrennung, Zuwendungen und Schuldenhaftung

Beispiel: Frieda möchte heiraten. Nach der Eheschließung ist geplant, daß sie zur Betreuung der gemeinsamen Kinder und zur Führung des Haushalts zu Hause bleibt. Da ihr künftiger Mann hohe Schulden hat, möchte sie auf jeden Fall Gütertrennung vereinbaren, um ihre Mithaftung auszuschließen.

Ehegatten, die im gesetzlichen Güterstand der Zugewinngemeinschaft leben, werden vermögensrechtlich wie Unverheiratete behandelt. Die Bezeichnung „Zugewinngemeinschaft“ ist irreführend, da die Vermögen der Ehegatten, gleichgültig ob vor oder während der Ehe erworben, getrennt bleiben. Es handelt sich eigentlich um eine **Gütertrennung mit Zugewinnausgleich** (§ 1363 Abs. 2 S. 1 BGB).

Aus der gesetzlichen Vermögenstrennung folgt, daß ein Ehegatte **nicht** für die Schulden des anderen mithaftet. Jeder haftet für seine Schulden allein mit seinem Vermögen. Dies ist nicht anders als bei Gütertrennung, die allerdings den Nachteil hat, daß der haushaltsführende Ehegatte auch bei einer Scheidung keinen Zugewinn vom verdienenden Partner erhält.

Beispiele: Die Ehegatten Moritz und Frieda, die im gesetzlichen Güterstand leben, wollen eine Eigentumswohnung gemeinsam erwerben; ihnen ist nicht klar, ob sie hierzu Gütergemeinschaft vereinbaren müssen.

Unternehmer Ulrich überträgt seiner Frau Viktoria zu ihrer Absicherung und aus Angst vor Gläubigern seine Penthauswohnung.

Aus „ehelicher Solidarität“ und weil es die Sparkasse so verlangte, hat Berta, die zur Erziehung der fünf gemeinsamen Kinder zu Hause ist und über kein eigenes Vermögen verfügt, für ein Darlehen ihres Ehemannes, das dieser zur Anschaffung eines Sportwagens verwendete, die persönliche Mithaftung übernommen. Später „taucht“ Anton „unter“, und Berta steht mit den Kindern und den Schulden allein da. Ihr Vater hat sogar eine Grundschuld zur Absicherung des Kredits an seiner Eigentumswohnung bestellt und dabei die Haftung mit seinem gesamten Vermögen übernommen.

Auch wenn allein durch die Eheschließung im gesetzlichen Güterstand kein gemeinschaftliches Vermögen der Ehegatten entsteht und diese auch nicht wechselseitig für Schulden des anderen haften, bleibt es ihnen – ebenso wie unverheirateten Personen – unbenommen, Gegenstände zu gemeinschaftlichem Eigentum zu **erwerben**. So erfolgt der Kauf von Immobilien durch Ehegatten meist **zu hälftigem Miteigentum**. Im Grundbuch werden sie dann als Miteigentümer zu je ein Halb eingetragen. Bei Miteigentum kann jeder Berechtigte jederzeit die Aufhebung der Gemeinschaft verlangen; dies erfolgt, im Wege der Zwangsversteigerung der Immobilie. Bei Miteigentum von zusammenlebenden und geschiedenen Ehegatten kann die Versteigerung bis zu fünf Jahren eingestellt werden, wenn dies zur Abwendung einer ernsthaften Gefährdung des Wohles eines gemeinschaftlichen Kindes erforderlich ist (§ 180 Abs. 3 ZVG). Das ist etwa der Fall, wenn das Haus ganz nach den Bedürfnissen eines behinderten Kindes gebaut und eingerichtet ist oder wenn für die kinderreiche Familie eine anderweitige Unterbringung mit zumutbarem Aufwand nicht möglich erscheint.

Nicht selten übertragen Ehegatten einander Eigentum. Typische Beispiele sind die Einräumung einer Mitberechtigung am Familienheim-Grundstück, die Verschaffung von Eigentum an sonstigen Immobilien, insbesondere zur Vermögensbildung, der sozialen Absicherung des Partners oder auch mit dem Ziel, diese dem befürchteten Zugriff der eigenen Gläubiger zu entziehen, oder die Übertragung einer (Mit-)Inhaberstellung an Wertpapieren, Bankguthaben oder Unternehmensbeteiligungen. Dabei kann es sich um unentgeltliche Zuwendungen, also reine **Schenkungen**, handeln. Meist werden von den Ehegatten damit – wie die vorstehenden Beispiele zeigen – jedoch Ziele verfolgt, die der Verwirklichung der ehelichen Lebens- und Wirtschaftsgemeinschaft dienen. Wegen dieses Bezugs zur Ehe werden sie als **„ehebedingte Zuwendungen“** bezeichnet. Auch auf diese Weise kann gemeinschaftliches Eigentum geschaffen werden. Überträgt der Mann Vermögenswerte zu Alleineigentum auf die Frau, um sie oder die Familie wirtschaftlich abzusichern, machen sich die Ehegatten die Folgen der Vermögenstrennung zunutze.

Dagegen heben sie sie auf, wenn ein Ehegatte gegenüber einem Gläubiger, etwa einer Bank, eine Bürgschaft für Verbindlichkeiten des Ehegatten übernimmt, beide als Gesamtschuldner einen Kredit aufnehmen oder ein Ehegatte später den Schulden des anderen beitritt. In sämtlichen Fällen muß jeder Partner für die Verbindlichkeiten des anderen spätestens dann aufkommen, wenn der andere zahlungsunfähig ist. Die Haftung geht regelmäßig auf den vollen Darlehensbetrag. Der

Gläubiger kann es sich dabei aussuchen, wen er in Anspruch nehmen will. Diese Haftung überdauert regelmäßig die Ehe und bindet die Ehegatten auch nach einer Scheidung wirtschaftlich oft noch lange Zeit aneinander. Deshalb ist bei derartigen Mithaftungen **Vorsicht** geboten. Grundsätzlich kann sich der mitverpflichtete Ehegatte nämlich gegenüber der Bank nicht darauf berufen, er habe diese weitreichenden Folgen nicht gekannt und gewollt. Nur im Fall der vermögens- und einkommenslosen Ehefrau hat die Rechtsprechung eine Mithaftung als unwirksam angesehen. Ebenso wurde dies für die zusätzliche persönliche Haftung mit dem gesamten Vermögen desjenigen entschieden, der nur eine Hypothek oder eine Grundschuld zur Absicherung der Verbindlichkeiten eines anderen auf seinem Grundbesitz eintragen lassen wollte.

c) Ersatz von Haushaltsgegenständen

Beispiel: Bei Eheschließung ist Moritz Eigentümer eines alten Röhrenradios. Nach dreißigjähriger Ehe wollen sich die Ehegatten Moritz und Frieda trennen. Moritz ist der Ansicht, der später dafür angeschaffte Hifikompaktturm mit CD-Player stehe ebenfalls in seinem Eigentum.

Jeder Ehegatte ist aufgrund der ehelichen Lebensgemeinschaft verpflichtet, die ihm gehörenden Haushaltsgegenstände für den gemeinsamen Haushalt zur Verfügung zu stellen. Da er allein die Last der Abnutzung und des Verbrauchs trägt, sollen ihm Ersatzbeschaffungen zustehen, gleichgültig, wer die Anschaffung tätigt und mit wessen Mitteln der Kaufpreis entrichtet wird. § 1370 BGB ordnet deshalb an, daß Haushaltsgegenstände, die anstelle nicht mehr vorhandener oder wertlos gewordener Gegenstände neu angeschafft werden, Eigentum des Ehegatten werden, dem die ersetzten Gegenstände gehört haben.

Diese als **dingliche Surrogation** bezeichnete Rechtsfolge gilt nur im **gesetzlichen Güterstand**. Erforderlich ist eine Ersatzbeschaffung für einen verbrauchten oder wertlos gewordenen Gegenstand. Wertlosigkeit tritt bereits bei einem Wandel der Mode oder der technischen Entwicklung ein. Sie ist z.B. bei einem funktionstüchtigen Kohleofen anzunehmen.

Entscheidend für die Einstufung als „Ersatz" ist die **Funktion** im Haushalt; unerheblich sind dagegen Gleichartigkeit und gleicher Anschaffungswert. Qualitätsverbesserungen kommen also dem Eigentümer des ersetzten Gegenstandes zugute.

d) Vermögensverwaltung und Verfügungsbeschränkungen

Beispiel: Frieda ist erzürnt, da ihr Mann Moritz immer die Sportschau im Fernsehen ansieht und sie vernachlässigt. Deshalb veräußert sie den Fernsehapparat, den sie von ihren Eltern zur Hochzeit geschenkt bekommen hat, an einen armen Studenten. Moritz hat von seinen Eltern ein Mietshaus geerbt, das er seinerseits an Xaver Meier verkauft hat. Bei der notariellen Beurkundung des Vertrages war Frieda nicht anwesend; der Erwerber wußte nicht, daß das Haus etwa 95 % des Vermögens von Moritz ausmacht.

Wie gezeigt, bleibt im gesetzlichen Güterstand jeder Ehegatte Inhaber seines Vermögens, das er selbständig verwaltet (§ 1364 BGB). Um zu verhindern, daß ein Ehegatte der Familie einseitig die Lebens- und Vermögensgrundlage oder dem anderen Ehegatten künftige Ausgleichsansprüche bei Beendigung der Ehe (§§ 1371 ff. BGB) entziehen kann, unterliegt die freie Verwaltung zwei wichtigen **Einschränkungen**: Jeder Ehegatte bedarf zu Verfügungen über das Vermögen im ganzen (§ 1365 BGB) und zu Verfügungen über Haushaltsgegenstände (§ 1369 BGB) der **Zustimmung** des anderen.

- Wann liegt ein Rechtsgeschäft über das Vermögen im ganzen vor?

Nach § 1365 Abs. 1 BGB kann ein Ehegatte einen schuldrechtlichen Vertrag über sein Vermögen im ganzen nur mit Einwilliung des anderen Ehegatten abschließen. Hat er diese Beschränkung nicht beachtet, so kann er seine vertraglichen Verpflichtungen nur erfüllen, wenn der Partner **nachträglich** seine Zustimmung erteilt. Hat z.B. ein Ehegatte sein ganzes Hab und Gut veräußert, um auszuwandern, so kann er dem Vertragspartner dieses nur mit Zustimmung seines Ehegatten verschaffen.

Der Begriff „Vermögen im ganzen" meint Rechtsgeschäfte, die wirtschaftlich gesehen das gesamte oder nahezu gesamte

Vermögen eines Ehegatten ausmachen. Durchzuführen ist ein **Wertvergleich**, bei dem der Wert des Geschäftsgegenstandes und der Wert des verbleibenden Restvermögens gegenüberzustellen sind. Dabei hat die **Gegenleistung**, die der Ehegatte erhalten soll, **unberücksichtigt** zu bleiben. Selbst wenn es sich um ein „gutes" Geschäft handelt und der Kaufpreis den Wert der veräußerten Vermögensgegenstände übersteigt, bedarf es somit der Zustimmung des anderen Ehegatten. In den Vermögensvergleich wird ebenfalls ein künftiges Arbeitseinkommen des veräußernden Ehegatten nicht einbezogen. Feste Prozentsätze für den Wertvergleich fehlen. Der Rechtsprechung kann man jedoch entnehmen, daß bei kleinen Vermögen der Tatbestand des § 1365 Abs. 1 BGB nicht erfüllt ist, wenn dem verfügenden Ehegatten wertmäßig ca. 15 % seines Gesamtvermögens verbleiben. Bei größeren Vermögen, insbesondere bei Verfügungen über Grundstücke, wird die Grenze dagegen bei etwa 30 % gezogen.

Ein zustimmungsbedürftiges Geschäft liegt auch dann vor, wenn sich ein Ehegatte verpflichtet, über einen **einzelnen Gegenstand** zu verfügen, der sein Vermögen ausmacht. Hauptfall ist der Verkauf eines **Grundbesitzes**. Bestehen hier an der veräußerten Immobilie grundbuchmäßige Belastungen, insbesondere Grundschulden oder Hypotheken, so mindern diese den Wert des Verkaufsobjekts. Verkauft der Ehemann eine Eigentumswohnung, die er im Bauherrenmodell erworben hat und an der Belastungen von 200.000,— DM bestehen, für 220.000,— DM, so liegt eine Zustimmungsbedürftigkeit nur vor, wenn sein sonstiges Vermögen weniger als 7.000,— DM beträgt. Zum Schutz des Vertragspartners hat die Rechtsprechnung bei Verfügungen über Einzelgegenstände noch ein weiteres Erfordernis aufgestellt: § 1365 BGB greift nur dann ein, wenn der **Vertragspartner positiv weiß**, daß es sich beim Geschäftsgegenstand um das wesentliche Vermögen handelt, oder wenn er zumindest die Verhältnisse kennt, aus denen sich dies ergibt. Maßgeblicher **Zeitpunkt für die Kenntnis** ist nach überwiegender Auffassung der Abschluß des Kaufvertrages; allerdings stehen manche Gerichte auf dem Standpunkt, daß die Vollendung des Rechtserwerbs, bei Grundbesitz also die

Eintragung im Grundbuch, entscheidend sei.

Beispiele für **zustimmungsbedürftige** Rechtsgeschäfte sind, falls es im wesentlichen um das ganze Vermögen des Ehegatten geht:

- der Verkauf und die Schenkung von Immobilien;
- die Belastung von Grundstücken mit Grundpfandrechten, wenn der restliche Grundstückswert ausgeschöpft ist;
- die Veräußerung eines Nachlasses oder eines Erbteils sowie die Erbauseinandersetzung, wenn sie durch Übertragung von Gegenständen mit oder ohne Abfindungszahlung erfolgt,
- der Geschäftsverkauf und Vereinbarungen über das Ausscheiden aus einer Gesellschaft und
- der Antrag auf Teilungsversteigerung eines Ehegatten.

Keine Zustimmung ist dagegen erforderlich bei:

- der Eingehung von Zahlungsverbindlichkeiten, also beim Ankauf einer Sache, der Aufnahme eines Darlehens, der Übernahme einer Bürgschaft sowie der Abgabe eines Zahlungs- und Garantieversprechens,
- der Eingehung oder Kündigung eines Arbeitsverhältnisses und
- der Abänderung der Bezugsberechtigung einer Lebensversicherung.

- Welche Rechtsgeschäfte über Haushaltsgegenstände sind zustimmungsbedürftig?

Die Beschränkung des § 1369 BGB bezieht sich auf die Gegenstände des ehelichen Haushalts. Es muß sich also um Sachen handeln, die zur Hauswirtschaft gehören und dem ehelichen Zusammenleben dienen. Zustimmungsbedürftig ist deshalb die Veräußerung der Wohnungseinrichtung, der Haushaltswäsche, von Radio- und Fernsehgeräten, Nahrungsmitteln und Brennmaterial. Ausgenommen sind Gegenstände, die dem persönlichen Bedarf, dem Arbeitsbereich oder als Kapitalanlage eines Ehegatten dienen, z.B. Kleidungsstücke, die antike Vase des Mannes und die Nähmaschine der Schneiderin. Wie bei § 1370 BGB entscheidet auch hier die **Zweckbestimmung** innerhalb der einzelnen Ehe.

Das Eigentum am betroffenen Haushaltsgegenstand ist unerheblich. Das Zustimmungserfordernis besteht deshalb **auch bei Alleineigentum** und Miteigentum des anderen Ehegatten. Veräußert die Ehefrau den im Alleineigentum des Ehemannes stehenden Fernsehapparat, ist § 1369 BGB nach seinem Sinn erfüllt. Ist z.B. ein Möbelstück unter **Eigentumsvorbehalt** gekauft worden, so gilt auch dafür die Verfügungsbeschränkung; zulässig ist allerdings eine **Sicherungsübereignung** an die finanzierende Bank.

- Welche Auswirkungen ergeben sich auf zustimmungsbedürftige Geschäfte?

Beispiel: Frieda hat aus Ärger über Moritz dem armen Studenten nicht nur das Fernsehgerät, sondern auch den in ihrem Eigentum stehenden Videorekorder geschenkt. Moritz fordert vom Studenten beide Geräte zurück. Dieser erklärt, er habe mit Frieda eine kurze Affäre gehabt, dabei habe sie ihm verschwiegen, daß sie verheiratet sei. Sie habe auch nie einen Ehering getragen. Im übrigen stellten die Geräte nicht das wesentliche Vermögen von Frieda, Moritz oder beiden dar und „geschenkt sei schließlich geschenkt".

Wird ein Vertrag, also auch eine Schenkung, ohne die erforderliche Zustimmung abgeschlossen, so ist er nicht nichtig, sondern zunächst **schwebend unwirksam**. Sein weiteres Schicksal hängt davon ab, ob ihn der andere Ehegatte **genehmigt**. Wird die nachträgliche Zustimmung entweder gegenüber dem Ehegatten oder dem Geschäftspartner erteilt, so ist das Geschäft von Anfang an wirksam. Wird sie verweigert, kann sie auf Antrag des am Geschäft beteiligten Ehegatten vom Vormundschaftsgericht ersetzt werden. Der Dritte kann den Vertrag nur widerrufen, wenn er nicht wußte, daß sein Geschäftspartner verheiratet ist oder ihn dieser wahrheitswidrig über das Vorliegen der Einwilligung getäuscht hatte. Außerdem kann er seinerseits den anderen Ehegatten zur Genehmigung auffordern; gibt dieser innerhalb von zwei Wochen keine Erklärung ab, gilt dies als Verweigerung (§ 1366 Abs. 3 S. 2 BGB).

Bei Rechtsgeschäften, die gegen die Beschränkungen der §§ 1365, 1369 BGB verstoßen, gibt es **keinen gutgläubigen**

Erwerb. Weiß der Geschäftspartner nicht, daß sein Kontrahent verheiratet ist, so wird er diesbezüglich nicht geschützt. Dies gilt auch dann noch, wenn die Ehegatten getrennt leben. Selbst durch eine nachfolgende Scheidung wird ein derartiger Vertrag nicht gültig. Unerheblich ist bei Verfügungen über Haushaltsgegenstände schließlich, ob dem Dritten die Zugehörigkeit der veräußerten Sache zum Haushalt bekannt war. Zu **beachten** ist, daß es im Rahmen des § 1369 BGB nicht auf den **Wert** des veräußerten Gegenstandes ankommt. Das Gesetz räumt dem übergangenen Ehegatten ferner das Recht ein, die Rückforderung des veräußerten Gegenstandes unabhängig vom Vorgehen seines Partners gegenüber dem Dritten selbständig geltend zu machen (§ 1368 BGB).

e) Der Zugewinn und sein Ausgleich

• Was ist der Zugewinn?

Beispiel: Die Ehe von Moritz und Frieda kriselt. Beide haben auf einem Grundstück, das Moritz bereits bei Eheschließung gehörte, gemeinsam ein Haus errichtet. Moritz hat während der Ehe ferner einen Sportwagen erworben, zu Schrott gefahren und hat deswegen noch beträchtliche Schulden bei seiner Bank. Frieda hat sich während der Ehe eine gutgehende Änderungsschneiderei aufgebaut.

Wesentliches Kennzeichen des gesetzlichen Güterstandes ist der Zugewinnausgleich. Dadurch wird die wirtschaftliche Teilhabe beider Ehegatten an gemeinschaftlich „erarbeiteten“ Werten während ihrer Ehe realisiert. Die hinsichtlich des Zugewinns bestehende Gemeinschaft der Ehegatten wird im Regelfall erst bedeutsam, wenn die Ehe durch Tod eines Ehegatten oder durch Scheidung endet (§ 1362 Abs. 2 S. 2 BGB). Ein periodischer Zugewinnausgleich findet dagegen nicht statt. Deshalb ist es falsch, wenn Ehegatten glauben, im Hinblick auf den Zugewinnausgleich während des Bestehens der Ehe Anspruch auf Übertragung eines hälftigen Miteigentumsanteils am gemeinsam gebauten Haus zu haben. Derjenige Ehegatte, der zwar bei der Bank die Verbindlichkeiten mitübernimmt, aber im Grundbuch nicht als Miteigentümer eingetragen ist, hat zunächst nur die Schulden sicher. Hinsichtlich des Grundbesitzes besteht lediglich die Chance, im Zugewinnausgleich am gemeinsam geschaffenen Wert finanziell beteiligt zu werden.

Das Gesetz sieht zur **Durchführung** des Zugewinnausgleichs zwei unterschiedliche Wege vor:

- die **erbrechtliche** Lösung (§ 1371 Abs. 1 BGB), wenn der Güterstand durch Tod eines Ehegatten endet und der überlebende Ehegatte Erbe oder Vermächtnisnehmer wird, und
- die **güterrechtliche** Lösung (§§ 1372 ff. BGB), wenn die Zugewinngemeinschaft zu Lebzeiten beider Ehegatten endet oder beim Tod eines Ehegatten der überlebende nicht Erbe oder Vermächtnisnehmer wird (§ 1371 Abs. 2 BGB).

- Wie wird der Zugewinn berechnet?

Beispiel: Als Moritz und Frieda heirateten, waren sie beide arm wie „Kirchenmäuse“. Später kam Moritz vom FC Kirchdorf zu einem Bundesligaverein und verdiente in den fünf Jahren zwischen Eheschließung und Zustellung des Scheidungsantrags seiner Frau 5 Millionen DM. Zwei Tage darauf hat er bessere Post im Briefkasten: Er wird nach Italien verkauft und erhält dort umgerechnet 2 Millionen DM im Jahr. Bis zur Rechtskraft der Scheidung vergehen drei Jahre. Frieda freut sich mit Moritz über seinen Zug in den Süden, glaubt sie doch, auch noch davon zu profitieren.

Lediglich bei der „erbrechtlichen Lösung“ erspart der Gesetzgeber den Beteiligten eine Einzelabrechnung des Zugewinns, indem er den gesetzlichen Erbteil **pauschal um ein Viertel** erhöht. In allen anderen Fällen sind komplizierte Rechnungen anzustellen. Das Prinzip ist allerdings noch klar: Übersteigt der Zugewinn des einen Ehegatten den des anderen, so steht die Hälfte des Überschusses dem anderen Ehegatten als Ausgleichsforderung zu (§ 1378 Abs. 1 BGB). Zugewinn ist dabei der Betrag um den das Endvermögen eines Ehegatten sein **Anfangsvermögen** übersteigt (§ 1373 BGB).

Beispiel: Hatten Moritz und Frieda zu Beginn ihrer Ehe kein Vermögen, so beträgt ihr jeweiliges Anfangsvermögen Null. Ist das bei Frieda, die infolge der Erziehung der Kinder nicht berufstätig war, auch bei Ende der Ehe so, hat sie keinen Zugewinn erzielt. Moritz hat dagegen ein **Endvermögen** von 5 Millionen DM; da sein Anfangsvermögen Null war, hat er einen Zugewinn in dieser Höhe erzielt. Die Hälfte, also 2,5 Millionen DM, stehen deshalb Frieda zu.

Anfangsvermögen ist das Vermögen, das einem Ehegatten nach Abzug der Verbindlichkeiten bei Eintritt des Güterstandes gehört (§ 1374 Abs. 1 BGB). **Endvermögen** ist dasjenige, was ein Ehegatte nach Abzug der Verbindlichkeiten beim Ende des Güterstandes besitzt (§ 1375 Abs. 1 BGB).

Beispiel: Moritz hatte bei Eheschließung ein Sparguthaben mit 10.000,— DM. Während der Ehe erwirbt er davon Aktien, die stark steigen und 50.000,— DM erreichen. Bei Scheidung sind sie „in den Keller" gefallen und haben nur noch einen Kurswert von 15.000,— DM. Frieda hatte zu Beginn der Ehe 20.000,— DM Vermögen und 8.000,— Bankschulden. Bei Eheende hat sie 15.000,— DM auf ihrem Konto und keinerlei Schulden mehr.

Das Anfangsvermögen von Moritz beträgt 10.000,— DM, sein Endvermögen 15.000,— DM; es ergibt sich ein Zugewinn von 5.000,— DM. Bei Frieda errechnet sich ein Anfangsvermögen von 12.000,— DM (20.000,— DM – 8.000,— DM); das Endvermögen übersteigt es um 3.000,— DM (= Zugewinn). Damit ergibt der Vergleich, daß der Zugewinn von Moritz um 2.000,— DM höher ist. Frieda steht somit gegen Moritz eine Ausgleichsforderung von 1.000,— DM (2.000,— DM : 2) zu.

Das vorstehende Beispiel zeigt nochmals das Prinzip des wertmäßigen und nicht gegenständlichen Ausgleichs. Der Gesetzgeber legt dazu **zwei Stichtage** fest, zu denen „Bilanzen" über das Vermögen jedes Ehegatten aufgestellt werden. Der erste Zeitpunkt ist der Beginn des Güterstandes, also regelmäßig die **Eheschließung**. Der zweite ist die **Beendigung** des Güterstandes. Bei einer Scheidung wird dieser Berechnungszeitpunkt allerdings auf die **Zustellung des Scheidungsantrags** vorverlegt (§ 1384 BGB), da dann kein Grund mehr besteht, den anderen Ehegatten am weiteren Zugewinn zu beteiligen.

Die einzelnen Vermögensgegenstände, nämlich Aktiva und Passiva, werden zu diesen Zeitpunkten bewertet und in die

„Bilanz" eingestellt. Die Differenz zwischen Anfangs- und Endvermögen ergibt den jeweiligen Zugewinn. Auch dieser ist eine reine Rechnungsgröße. Folgende Formel gibt die gesetzliche Regelung wieder:

(Endvermögen M minus Anfangsvermögen M) abzüglich (Endvermögen F minus Anfangsvermögen F) dividiert durch 2 = Ausgleichsanspruch F.

Beispiel: Moritz hat bei Eheschließung 50.000,— DM Schulden und bei Scheidung 10.000,— DM Endvermögen. Frieda fängt dagegen mit nichts an und hat bei Eheende 20.000,— DM Vermögen.

Rein rechnerisch beträgt die Vermögenssteigerung von Moritz im obigen Beispiel 60.000,— DM. Er müßte bei Anwendung der bekannten Regeln deshalb an Frieda 20.000,— DM bezahlen. Dies widerspricht aber dem **Prinzip**, daß kein Ehegatte verpflichtet ist, an den anderen mehr als die Hälfte seines real vorhandenen Vermögens abzuführen. Deshalb bildet der Wert Null beim Anfangs- und Endvermögen grundsätzlich die untere Grenze. Verbindlichkeiten dürfen also nur bis zur Höhe des Vermögens abgezogen werden, so daß es niemals negativ sein kann. Der Zugewinn von Moritz beträgt deshalb im Beispiel 10.000,— DM. Er erhält also von Frieda 5.000,— DM als Zugewinnausgleich; ein Ergebnis, das nicht unbedingt als gerecht empfunden werden muß.

Beispiel: Beide Ehegatten haben bei Eheschließung kein Vermögen. Moritz hat bei Eheende 20.000,— DM Schulden, während Frieda 30.000,— DM gespart hat.

Frieda muß sich nicht an der Tilgung der Schulden beteiligen, indem sie Moritz 25.000,— DM auszuzahlen hätte. Der Zugewinnausgleichsanspruch von Moritz beträgt nur 15.000,— DM.

- Sind Schenkungen und Erbschaften ausgleichspflichtig?

Beispiel: Die Eltern glauben, daß die geplante Ehe ihrer Tochter keinen langen Bestand haben wird. Da sie ihrem Schwiegersohn nicht trauen und ihre „kleine" Tochter für zu gutmütig halten, befürchten sie, daß bei einer Scheidung das Haus, das sie ihrer Tochter während der Ehe schenken oder vererben werden, zur Hälfte dem ungeliebten Schwiegersohn gehört.

Vermögen, das einem Ehegatte während der Ehe durch Erbschaft oder Vermächtnis anfällt oder das er mit Rücksicht auf ein künftiges Erbrecht, durch Schenkung oder als Ausstattung erwirbt, soll für den anderen keine Zugewinnausgleichsansprüche auslösen. Dieses Vermögen beruht nämlich nicht auf gemeinsamer Wertschöpfung beider Ehegatten. Unter Ausstattung versteht man dabei alles, was einem Kind von seinen Eltern mit Rücksicht auf seine Verheiratung, zur Erlangung einer selbständigen Lebensstellung oder zu deren Erhaltung zugewendet wird (§ 1624 BGB); also ungefähr das, was oft als Aussteuer oder Startkapital bezeichnet wird.

Der oben beschriebene Vermögenserwerb wird dem Anfangsvermögen hinzugerechnet und damit so behandelt, als sei er bei Eheschließung bereits vorhanden gewesen. Allerdings ist zu beachten, daß durch diesen gesetzgeberischen Kunstgriff zwar der Gegenstand selbst nicht dem Zugewinnausgleich unterliegt, wohl aber seine **Wertsteigerungen**. Schenken Eltern ihrer Tochter während der Ehe ein Grundstück, das bei der Schenkung als Bauerwartungsland 50.000,— DM wert war, und erlangt es später Baulandqualität mit einem Preis von 120.000,— DM, so stellen die 70.000,— DM einen Zugewinn dar.

Beispiel: Das der Tochter von ihren Eltern geschenkte Haus war bei der Zuwendung 150.000,— DM wert, bei Ehescheidung nach zehnjähriger Ehe 200.000,— DM. Frieda wendet ein, dieser Unterschied beruhe nur auf dem Kaufkraftschwund des Geldes.

Die Rechtsprechung hält nur **echte** Wertsteigerungen für ausgleichspflichtig, nicht aber Scheingewinne, die auf der inflationsbedingten Entwertung des Geldes beruhen. Deshalb rechnen die Gerichte das Anfangsvermögen aufgrund des vom Statistischen Bundesamt berechneten **Lebenshaltungsindexes** auf die Werte des Endvermögens um. Dazu wird das Anfangsvermögen mit dem Index zur Zeit der Beendigung des Güterstandes multipliziert und anschließend durch den Index zur Zeit der Zuwendung dividiert.

Beispiel: Als sich Moritz und Frieda nach dreißigjähriger Ehe scheiden lassen, weiß keiner mehr, was ihm bei Eheschließung gehörte. Moritz meint, daß Frieda, wenn sie einen Ausgleichsanspruch geltend machen wolle, auch das jeweilige Anfangs- und Endvermögen bei Gericht beweisen müsse.

Das Gesetz geht davon aus, daß die Ehegatten über ihr Anfangsvermögen ein Verzeichnis aufstellen, mit dem Datum versehen, gemeinsam unterzeichnen und ihre Unterschriften auf Verlangen eines Ehegatten von einem Notar beglaubigen, d.h. als echt bestätigen lassen. Fehlt ein solches Verzeichnis, dann besteht die Vermutung, daß kein Anfangsvermögen bestanden hat und deshalb bei beiden Ehegatten nur Zugewinn vorhanden ist (§ 1377 Abs. 3 BGB). Diese Vermutung kann allerdings, z.B. durch Kontoauszüge, widerlegt werden.

- Bleiben sämtliche Vermögensminderungen außer Betracht?

Beispiel: Moritz hat seinen Eltern fünfzehn Jahre vor Scheidung ein Auto geschenkt. Kurz vor Einleitung des Scheidungsverfahrens hat er 10.000,— DM „auf den Kopf gehauen", als er Frieda mit einem anderen Mann im ehelichen Schlafzimmer „in flagranti" ertappte. Frieda meint, dadurch könne ihr Ausgleichsanspruch nicht gemindert werden.

Um zu verhindern, daß ein Ehegatte den Zugewinnausgleichsanspruch des anderen schmälert oder sogar vereitelt, werden dem Endvermögen hinzugerechnet (§ 1375 Abs. 2 BGB):

- unentgeltliche Zuwendungen, die nicht einer sittlichen Pflicht oder dem Anstand entsprechen;
- Vermögensverschwendungen und
- Vermögensverschiebungen in der Absicht, den anderen Ehegatten zu benachteiligen.

Eine Vermögensverschwendung erfordert einen Hang zu unvernünftigen Ausgaben. Ein Handeln aus Wut, Enttäuschung und Verärgerung ist zwar nicht billigenswert, aber menschlich verständlich und löst deshalb keinen Ausgleichsanspruch des fremdgehenden Ehegatten aus. Die Hinzurechnung erfolgt nicht, wenn die betreffenden Maßnahmen länger als zehn Jahre (wie im Beispielsfalle die Schenkung des Autos) zurückliegen oder der Ehegatte einverstanden war.

- Wie wirken sich Ehegattenzuwendungen aus?

Beispiel: Moritz hat ein Anfangsvermögen von 100.000,— DM, Frieda hat nichts. Während der Ehe überträgt Moritz auf Frieda ein von ihm gekauftes Auto im Wert von 50.000,— DM. Bei Scheidung hat Moritz 300.000,— DM, Frieda wieder nichts. Frieda verlangt 125.000,— DM von Moritz. Dieser meint, sie habe schon 50.000,— DM erhalten, deshalb müsse höchstens er etwas zurückbekommen.

Zuwendungen unter Ehegatten stellen nur in Ausnahmefällen echte Schenkungen dar. Regelmäßig dienen sie der Verwirklichung der ehelichen Lebens- und Wirtschaftsgemeinschaft. Ihre Rückabwicklung erfolgt im gesetzlichen Güterstand nach den Regeln des Zugewinnausgleichs. Sie sind nach § 1380 BGB auf die Ausgleichsforderung des begünstigten Ehegatten anzurechnen. Dazu wird der Wert der Zuwendung dem Endvermögen des Ehegatten hinzugerechnet, der die Zuwendung gemacht hat, und vom Endvermögen des Empfängers abgezogen. Auf den sich dann ergebenden Zugewinnausgleichsanspruch wird der Wert der Zuwendung angerechnet.

Damit beträgt im Beispiel das Endvermögen von Moritz 350.000,— DM, sein Zugewinn somit 250.000,— DM. Von der Hälfte (125.000,— DM) werden die erhaltenen 50.000,— DM abgezogen; es ergibt sich also ein Ausgleichsanspruch von 75.000,— DM.

Beispiel: Moritz hat einen Zugewinn von 50.000,— DM erzielt. Moritz wendet Frieda, die selbst ohne Zugewinn ist, seine 50.000,— DM kurz vor Scheidung zu.

Bei Zuwendungen über den Zugewinnausgleichsanspruch hinaus, kommt § 1380 BGB nicht zur Anwendung. Der Ausgleich wird unter Berücksichtigung der tatsächlichen Vermögenssteigerungen ohne komplizierte Hinzu- und Anrechnungen ermittelt.

Damit beträgt das Endvermögen von Moritz Null, von Frieda 50.000,— DM. Dies ist ihr Zugewinn, von dem 25.000,— DM Moritz als Ausgleichsforderung zustehen.

- Welche Werte sind im Anfangs- und Endvermögen zu berücksichtigen?

Beispiel: Beide Ehegatten sind selbständig und haben kein Anfangsvermögen. Frieda hat ihr ganzes Geld während der

Ehe dazu verwendet, ihre Altersversorgung in der gesetzlichen Rentenversicherung durch Zahlung freiwilliger Beiträge aufrechtzuerhalten. Moritz hat dagegen eine private Kapitallebensversicherung abgeschlossen. Außerdem hat er 50.000,— DM im Lotto gewonnen und bei einem Unfall 20.000,— DM Schmerzensgeld erhalten; sämtliche Beträge sind noch vorhanden. Als Moritz hört, daß er an seine Frau Frieda einen Zugewinnausgleich bezahlen müsse, hält er das für ungerecht, da es sich um keine „ehebedingten Wertschöpfungen" handle.

In den Zugewinn einzubeziehen sind grundsätzlich sämtliche geldwerten Vermögensgegenstände, **ausgenommen Rentenberechtigungen**, die beim Versorgungsausgleich zu berücksichtigen sind, und der **Hausrat**, der nach der Hausratsverordnung verteilt wird. Während die gesetzlichen Rentenversicherungen, die betriebliche Altersversorgung und Beamtenpensionen in den Versorgungsausgleich einzustellen sind, fallen Anrechte auf Zahlung einer Kapitallebensversicherung in den Zugewinnausgleich. Auch Vermögenswerte, die in keinem Zusammenhang mit der ehelichen Wirtschaftsgemeinschaft stehen, sind in die Berechnung des Zugewinns einzubeziehen. Zugewinn ist deshalb auch ein Lottogewinn, ein Schmerzensgeld und eine Abfindung, die ein Ehegatte bei der Wiederheirat für den Wegfall der Witwenrente erhalten hat.

- Nach welchen Grundsätzen erfolgt die Bewertung des Vermögens?

Beispiel: Frieda hat als Zugewinn nur eine schuldenfreie Eigentumswohnung, die einen steuerlichen Einheitswert von 24.000,— DM hat. Moritz hat als Zugewinn lediglich 10.000,— DM auf einem Sparbuch. M will sich nicht mit den angebotenen 7.000,— DM zufrieden geben, sondern verlangt die Berechnung aus dem Verkehrswert der Wohnung.

Die Aktiva und Passiva des Anfangs- und Endvermögens sind regelmäßig mit ihrem **Verkehrswert** anzusetzen. Bei Grundbesitz ist also nicht der Einheitswert maßgeblich, der lediglich für die Berechnung der Grund- und der Erbschaftsteuer von Bedeutung ist, sondern der bei einem Verkauf zu erzielende

Preis. In diesem Rahmen ist auch der **„good will“** bei der Bewertung eines Unternehmens zu berücksichtigen. Lediglich bei land- und forstwirtschaftlichen Betrieben ist nur der Ertrags- und nicht der höhere Substanzwert maßgeblich (§ 1376 Abs. 4 BGB); dies gilt aber nicht für im Betriebsvermögen vorhandene Baugrundstücke sowie nur, wenn der Hof lebensfähig ist und fortgeführt wird.

- In welchen Fällen ist ein Zugewinnausgleich durchzuführen?

Beispiel: Moritz und Frieda sind seit sieben Jahren verheiratet. Als es zu „kriseln“ beginnt, vereinbaren sie vorsorglich in einem notariellen Ehevertrag Gütertrennung. Als es drei Jahre später zur Scheidung kommt, fordert Frieda den Ausgleich des Zugewinns. Moritz meint, daß dieser durch die Gütertrennung gerade ausgeschlossen worden sei.

Zum güterrechtlichen Zugewinnausgleich kommt es vor allem durch Scheidung, Eheauflösung oder Nichtigerklärung der Ehe. Ein wichtiger Fall ist ferner der **vertragliche Ausschluß** des Versorgungsausgleichs (§ 1414 S. 2 BGB). Schließen Ehegatten während des Bestehens ihrer Ehe einen Ehevertrag, in dem sie Gütertrennung oder Gütergemeinschaft vereinbaren, so endet der gesetzliche Güterstand; deshalb ist der Zugewinn auszugleichen. Bei Vereinbarung von Gütertrennung wird allerdings häufig gleichzeitig gegenseitig auf etwaige Ausgleichsansprüche für die bisherige Dauer der Ehe **verzichtet**. Ist dies nicht der Fall, entsteht bei Abschluß des Ehevertrages, mit dem der Güterstand gewechselt wird, der Zugewinnausgleichsanspruch, dessen Verjährung bis zu einer Scheidung gehemmt ist (§ 204 S. 1 BGB).

Beispiel: Moritz und Frieda leben seit zwei Jahren getrennt. Moritz hat mehrere junge Freundinnen, die ihn sehr viel Geld kosten. Deshalb hat er auch sein Girokonto bereits erheblich überzogen. Frieda befürchtet, daß bis zur Scheidung „nichts mehr da ist“, und möchte möglichst sofort ihren Zugewinnausgleichsanspruch geltend machen.

Das Gesetz erlaubt es, in einigen Fällen schon vor Beendigung des Güterstandes auf **vorzeitigen** Ausgleich des Zugewinns zu klagen. So kann nach mindestens dreijährigem Getrenntleben jeder Ehegatte auf vorzeitigen Zugewinnausgleich klagen (§ 1385 BGB). Eine Klage auf vorzeitigen Ausgleich des Zugewinns ist ferner bei schwerwiegenden Verstößen des anderen Ehegatten gegen wirtschaftliche Verpflichtungen, die sich aus dem ehelichen Verhältnis ergeben, und bei Tatbeständen möglich, in denen ein möglicher Zugewinnausgleich durch Vermögensverschwendung oder -verschiebung und Verfügungen ohne die gemäß § 1365 BGB erforderliche Zustimmung gefährdet wird. Gleiches gilt, wenn ein Ehegatte sich beharrlich weigert, seinen Partner über den Bestand seines Vermögens zu unterrichten (§ 1386 BGB). Mit **Rechtskraft** des Urteils, das der Klage auf vorzeitigen Ausgleich des Zugewinns stattgibt, tritt Gütertrennung ein und entsteht der Zugewinnausgleichsanspruch.

- Wie kann die Zugewinnausgleichsforderung gesichert werden?

Beispiel: Frieda fordert von Moritz die Eintragung einer Hypothek zu ihren Gunsten an seiner unbelasteten Eigentumswohnung, um ihren Zugewinnausgleichsanspruch abzusichern. Moritz meint, darauf hätte sie keinen Anspruch.

Ist eine Klage auf vorzeitigen Zugewinnausgleich oder ein Antrag auf Scheidung der Ehe gestellt, so kann ein Ehegatte **Sicherheitsleistung** verlangen, wenn zu befürchten ist, daß seine Rechte auf den künftigen Zugewinnausgleich durch das Verhalten des anderen Ehegatten erheblich gefährdet werden (§ 1389 BGB). Die Stellung von Sicherheiten in Höhe der etwa zu erwartenden Ausgleichsforderung kann vor allem durch Hinterlegung von Geld und Wertpapieren, durch Bestellung von Hypotheken an inländischen Grundstücken oder auch durch Stellung eines Bürgen erfolgen (§ 232 BGB).

- Was ist bei der Geltendmachung der Ausgleichsforderung zu beachten?

Beispiel: Frieda fordert zwei Jahre nach Ehescheidung den Ausgleich des Zugewinns durch Übereignung eines Grundstücks. Moritz meint, der Anspruch sei verjährt, da er nicht bei Scheidung geltend gemacht wurde. Außerdem habe Frieda einen Freund gehabt und sei deshalb an der Scheidung „schuld“.

Die Zugewinnausgleichsforderung ist im Regelfall **in Geld** zu zahlen und wird **mit Beendigung** des Güterstandes fällig. Ab diesem Zeitpunkt ist der Anspruch vererblich und übertragbar. Auf Antrag des Berechtigten – nicht des Verpflichteten – kann das Familiengericht anordnen, daß der ausgleichspflichtige Ehegatte ihm bestimmte Gegenstände seines Vermögens unter Anrechnung auf die Ausgleichsforderung überträgt (§ 1383 BGB). Dadurch soll vermieden werden, daß ein Ehegatte alle wertbeständigen Vermögensgegenstände behält, während dem anderen lediglich eine Geldforderung zusteht.

Das Familiengericht kann eine nicht bestrittene Ausgleichsforderung auf Antrag **stunden**, wenn die sofortige Zahlung den Verpflichteten besonders hart treffen würde und dem Gläubiger eine Stundung zugemutet werden kann (§ 1382 Abs. 1 BGB). Die Ausgleichsforderung **verjährt** in drei Jahren ab dem Zeitpunkt, in dem der ausgleichsberechtigte Ehegatte Kenntnis von der Beendigung des Güterstandes erlangt, unabhängig davon nach dreißig Jahren.

Der Schuldner kann die Erfüllung der Ausgleichsforderung verweigern, soweit der Ausgleich des Zugewinns nach den Umständen des Falles **grob unbillig** wäre (§ 1381 BGB). Eheverfehlungen sind dabei grundsätzlich nicht mehr zu berücksichtigen. Hat ein Ehegatte den anderen verlassen und sich einem anderen Partner zugewandt, kann das Leistungsverweigerungsrecht jedoch bestehen, wenn der Zugewinn durch den anderen Ehegatten erst **nach** der Trennung erzielt wurde.

Beispiel: Moritz erklärt, er werde Frieda „keinen Pfennig" zahlen. Er habe seine Bank angewiesen, Frieda keinerlei Auskunft über seine Konten zu geben. Außerdem hätte es ihm Frieda schriftlich gegeben, daß sie von ihm bei einer Scheidung nichts wolle. Hiermit sei er einverstanden gewesen.

Um jedem Ehegatten die Berechnung des Zugewinns zu ermöglichen, sind beide verpflichtet, über den Bestand ihres Endvermögens **Auskunft** zu geben (§ 1379 BGB); hierzu sind eine Aufstellung und gegebenenfalls Belege vorzulegen. Hinsichtlich des **Anfangsvermögens** besteht eine derartige Verpflichtung nicht. Hier ist jeder Ehegatte selbst an einem Nachweis interessiert, da sonst sein Endvermögen als Zugewinn angesehen wird.

Den Ehegatten ist verboten, sich vor Beendigung des Güterstandes zu verpflichten, über die Ausgleichsforderung zu verfügen (§ 1378 Abs. 3 BGB). Unwirksam ist deshalb beispielsweise eine Abtretung der künftigen Forderung an einen Dritten zur Sicherung eines Kredits. Dagegen sind Vereinbarungen der Ehegatten über den Ausgleich des Zugewinns bereits vor Rechtshängigkeit des Scheidungsantrags zulässig, wenn diese notariell beurkundet werden. **Mündliche** oder **schriftliche Abmachungen während** des Bestehens des Güterstandes sind dagegen **nichtig**. So ist beispielsweise zur Abgeltung des Zugewinnausgleichs eine schriftliche Vereinbarung über die Beteiligung der ausgleichsberechtigten Ehefrau am Erlös aus dem Verkauf einer zum Vermögen des Mannes gehörenden Eigentumswohnung unwirksam.

- Wie wird der Zugewinnausgleich beim Tod eines Ehegatten durchgeführt?

Beispiel: Frieda ist verstorben; sie war Hausfrau, hatte von ihren Eltern einen Mietsblock geerbt, aber während der Ehe keinerlei weiteres Vermögen erworben. Moritz hatte einen Zugewinn von 500.000,— DM erzielt. Die gemeinsamen Kinder meinen, Moritz stünde kein Zugewinnausgleich zu, vielmehr würden sie – jedenfalls teilweise – die Ausgleichsforderung der Frieda gegen Moritz erben.

Die Beendigung der Zugewinngemeinschaft durch den Tod eines Ehegatten ist die Regel. Der Gesetzgeber wollte dem überlebenden Ehegatten eine Einzelabrechnung des Zugewinns ersparen und Streitigkeiten zwischen nahen Angehörigen verhindern. Der Zugewinnausgleich wird daher beim Tod eines Ehegatten in der Weise verwirklicht, daß sich der gesetzliche Erbteil des überlebenden Ehegatten um ein Viertel erhöht (§ 1371 Abs. 1 BGB). Aufgrund dieser **pauschalen** Abgeltung erhält der Ehegatte neben Kindern die Hälfte sowie neben Eltern, Geschwistern und Großeltern drei Viertel des Nachlasses. Sind nur weiter entfernte Verwandte vorhanden, so ist der überlebende Ehegatte Alleinerbe. Auf seiten des verstorbenen Ehegatten wird dagegen kein Zugewinnausgleich, der den Erben zugute käme, durchgeführt.

Die Erhöhung des **gesetzlichen** Erbteils des längerlebenden Ehegatten erfolgt ohne Rücksicht darauf, ob er während des Güterstandes den geringeren oder größeren Zugewinn erzielt hat. Die pauschale Durchführung des Zugewinnausgleichs ist selbst dann anwendbar, wenn die Ehe nur kurze Zeit, z.B. wenige Stunden oder Tage, bestanden hat. Voraussetzung ist jedoch, daß die Zugewinngemeinschaft beim Tod eines Ehegatte noch bestanden hat.

Beispiel: Moritz ist verstorben, er hat kein Testament hinterlassen. Frieda wird neben den gemeinschaftlichen Kindern Erbin zu ein Halb. Sie meint, beim Zugewinnausgleich stünde sie besser, da Moritz während der Ehe ein großes Vermögen erworben hatte. Außerdem möchte sie wissen, was ihr zugestanden wäre, wenn Moritz sie völlig enterbt hätte.

§ 1371 Abs. 1 BGB spricht von der Erhöhung des **gesetzlichen** Erbteils. Der Zugewinn ist also nur dann erbrechtlich auszugleichen, wenn der überlebende Ehegatte gesetzlicher Erbe wird. Anders ist dies deshalb in den folgenden Fällen, in denen der hinterbliebene Ehegatte nicht gesetzlicher Erbe wird:

- Liegen im Zeitpunkt des Erbfalls die Scheidungsvoraussetzungen vor (§ 1933 BGB), ist der überlebende Ehegatte durch Urteil wegen einer Straftat, einer Täuschung, Drohung oder Beeinträchtigung der Testierfreiheit gegenüber seinem Partner für erbunwürdig erklärt, ist ihm aus einem ähnlichen Grunde der Pflichtteil entzogen worden (§§ 2335 ff. BGB) oder hat er selbst durch notariellen Vertrag auf sein gesetzliches Erbrecht verzichtet, so erhält er nur den Zugewinnausgleich nach der güterrechtlichen Lösung. Ein Anspruch auf den Erb- oder Pflichtteil steht ihm daneben nicht zu.
- Hat der Verstorbene seinen Partner in einem Testament oder Erbvertrag enterbt, so kann dieser ebenfalls den güterrechtlichen Anspruch fordern; dies gilt auch hier nur, wenn er den geringeren Zugewinn erzielt hatte. Daneben steht ihm aber noch der Pflichtteil zu. Dieser besteht in der Hälf-

te des gesetzlichen nicht erhöhten Erbteils (sog. kleiner Pflichtteil, § 1371 Abs. 2 BGB). Er beträgt neben Kindern ein Achtel des Nachlasses. Es handelt sich um einen Geldanspruch.

- Der überlebende Ehegatte kann die vorstehend geschilderten Rechte auch in Anspruch nehmen, wenn er die Erbschaft oder ein ihm zugewendetes Vermächtnis ausschlägt (§ 1371 Abs. 3 BGB). Dies ist für ihn günstiger, wenn nahezu das gesamte Vermögen des Verstorbenen während der Ehe erworben wurde, während der Überlebende aufgrund der Kindererziehung keinen Zugewinn erzielt hat. Hat Moritz 24.000,— DM hinterlassen, die er während der Ehe angesammelt hat, so beträgt bei Ausschlagung der Erbschaft durch Frieda ihr Zugewinnausgleich 12.000,— DM. Dieser Betrag ist als Nachlaßverbindlichkeit von 24.000,— DM abzuziehen. Von dem verbleibenden Betrag erhält sie ein Achtel, also 1.500,— DM, der Rest fällt an die gemeinschaftlichen Kinder zu gleichen Anteilen. Zusammen mit dem Zugewinnausgleich erhält sie also 13.500,— DM. Bei der erbrechtlichen Lösung stünden Frieda dagegen nur 12.000,— DM, ein Viertel des Nachlasses als Erbteil und eines weiteres Viertel als pauschaler Zugewinnausgleich zu. Allerdings hat die Ausschlagung auch einen Nachteil: Als gesetzlichem Erben steht dem überlebenden Ehegatten nämlich der sog. **Voraus** (§ 1932 BGB) zu; es handelt sich dabei um die zum ehelichen Haushalt gehörenden Gegenstände, soweit sie zur Führung eines angemessenen Haushalts benötigt werden. Schlägt der überlebende Teil die Erbschaft aus, so geht ihm dieser Anspruch verloren. Zu möglichen erbschaftssteuerlichen Folgen siehe S. 99 f.
- Erbt der überlebende Ehegatte aufgrund einer Verfügung von Todes wegen (Testament oder Erbvertrag) oder ist ihm darin ein Vermächtnis zugewandt, kommt es zu keinem pauschalen Zugewinnausgleich. Der Gesetzgeber geht vielmehr davon aus, daß nach dem Willen des Erblassers mit der letztwilligen Zuwendung auch ein etwaiger Zugewinnausgleichsanspruch abgegolten sein soll. Andererseits soll der Überlebende nicht „mit einem Butterbrot abgespeist“

werden, deshalb hat er einen Anspruch darauf, daß er mindestens den Pflichtteil erhält. Dieser errechnet sich hier aus dem nach § 1371 Abs. 1 BGB erhöhten Erbteil (sog. großer Pflichtteil). Neben Kindern des Verstorbenen muß der Ehegatte somit wertmäßig wenigstens die Hälfte seines Erbteils , der ein Halb berägt, also ein Viertel des Nachlasses bekommen. Bleibt der Wert des Zugewandten dahinter zurück, so kann der überlebende Ehegatte insoweit eine Ergänzung verlangen. Hat Moritz im vorstehenden Fall Frieda mit einem Geldvermächtnis von 2.000,— DM bedacht, kann diese weitere 4.000,— DM verlangen.

Stattdessen bleibt es dem überlebenden Ehegatten auch hier unbenommen, die Erbschaft oder das Vermächtnis auszuschlagen und dann den (güterrechtlichen) Zugewinnausgleich und den kleinen Pflichtteil geltend zu machen. Schlägt also Frieda im vorherigen Beispiel das Vermächtnis aus, so stehen ihr 13.500,— DM zu. Ist dagegen kein oder nur ein geringer Zugewinn erzielt worden, so kann der **Pflichtteilsergänzungsanspruch** günstiger sein. Hatte zum Beispiel Moritz keinen Zugewinn erzielt, würde Frieda bei Ausschlagung lediglich 3.000,— DM erhalten (1/8 von 24.000,— DM, da hier kein Zugewinnausgleich als Nachlaßverbindlichkeit abzuziehen ist), während sie bei der Pflichtteilsergänzung 6.000,— DM bekommt.

Der überlebende Ehegatte hat also eine Reihe von Wahlmöglichkeiten, deren Ausübung eine genaue rechnerische Prüfung der Vermögensverhältnisse im konkreten Fall voraussetzt. Dabei besteht ein zeitlicher Druck zu einer raschen Entscheidung, da die **Ausschlagungsfrist** für den Erben nur **sechs Wochen** beträgt (§ 1944 Abs. 1 BGB).

Wählt der überlebende Ehegatte die **erbrechtliche** Lösung, muß er ferner beachten, daß er **Stiefkindern** aus dem ihm zusätzlich gewährten Viertel die Mittel zu einer **angemessenen Ausbildung** gewähren muß.

2. Die Gütertrennung

a) Vermögensrechtliche Beziehungen

Beispiel: Die Ehegatten Moritz und Frieda haben in einem notariellen Ehevertrag Gütertrennung vereinbart. Frieda wollte die Gütertrennung, um nicht für Schulden ihres Mannes haften zu müssen. Später übernimmt Frieda für einen Bankkredit des Moritz „aus Liebe“ eine Bürgschaft.

Das häufigste Motiv für die Vereinbarung der Gütertrennung ist der Wunsch, nicht für Verbindlichkeiten des Ehegatten haften zu müssen. Hat ein Partner bereits vor der Ehe umfangreiche Schulden, so kommt hinzu, daß der andere Ehegatte regelmäßig nach außen Alleininhaber des gemeinsam geschaffenen Vermögens werden soll, um es dem Zugriff der Gläubiger des überschuldeten Ehegatten zu entziehen. Es handelt sich dabei jedoch um einen weitverbreiteten Irrtum: Die Gütertrennung betrifft allein die vermögensrechtlichen Beziehungen der Ehegatten untereinander, im Verhältnis zu **Dritten** hat sie – jedenfalls was die Schuldenhaftung anbelangt – **keine Bedeutung**. Es wurde bereits dargestellt, daß auch beim gesetzlichen Güterstand kein Ehegatte für Schulden des anderen aufkommen muß. Hierin besteht kein Unterschied zur Gütertrennung. Wenn jedoch die Zugewinngemeinschaft endet, wird der haushaltsführende oder aus anderen Gründen „zu kurz gekommene“ Ehegatte am gemeinsam erwirtschafteten Vermögen beteiligt. Dies ist bei der Gütertrennung nicht der Fall.

Gütertrennung bedeutet, daß zwischen den Ehegatten keinerlei güterrechtliche Bindungen bestehen: Die Vermögen bleiben rechtlich gesondert. Jeder Ehegatte kann über sein Vermögen ohne Zustimmung des anderen verfügen, es veräußern und belasten sowie die sein Vermögen betreffenden Rechtsstreitigkeiten selbst führen. Bei Beendigung der Ehe findet ein Vermögensausgleich nicht statt. Kurz gesagt: Die Partner stehen güterrechtlich so, als wenn sie nicht miteinander verheiratet wären. Dies kann für die haushaltsführende Ehefrau, die aus (unbegründeter) Angst vor einer Schuldenhaftung auf die Vereinbarung der Gütertrennung drängte, fatal werden. Denn bei einer späteren Scheidung der Ehe erhält sie keinen Pfennig von dem Vermögenszuwachs ihres Mannes.

Gemildert wird diese starre Trennung lediglich dadurch, daß während des Bestehens der Ehe die **güterstandsunabhängigen Regeln** über den Familienunterhalt (§§ 1360 f. BGB), die Schlüsselgewalt (§ 1357 BGB) und die Rollenverteilung (§ 1356 BGB) sowie später über den nachehelichen Unterhalt und den Versorgungsausgleich gelten. Die Gütertrennung schließt es ferner nicht aus, daß **gemeinschaftliches Vermögen** gebildet wird. So können die Ehegatten beispielsweise gemeinsam ein Grundstück erwerben und ein Haus bauen. Auch kann ein Ehegatte dem anderen freiwillig etwas zuwenden und ihn so an seinem „Zugewinn" beteiligen. Ob derartige Zuwendungen bei einer Scheidung zurückzuerstatten sind, richtet sich nach den konkreten Umständen des Einzelfalls. Dabei sind die Höhe der Zuwendung, die wirtschaftliche Lage der Ehegatten, das Maß der Beiträge zum Familienunterhalt, das Alter der Partner und die Dauer der Ehe zu berücksichtigen. So wird eine Rückerstattungspflicht beispielsweise bejaht, wenn eine Ehefrau ihrem Mann zum Aufbau eines Geschäftes einen erheblichen Geldbetrag zur Verfügung stellte und ihr durch die Erziehung gemeinsamer Kinder eine eigene Vermögensbildung nicht möglich war. Nicht nur auf ihren eigenen Vorteil bedachte Ehegatten werden die Benachteiligung des nichterwerbstätigen Ehegatten bei der Gütertrennung ohnehin durch den Abschluß von kapitalbildenden Versicherungen oder entgeltliche Arbeitsverträge vermeiden. Tun sie das nicht und „schenkt" der Ehemann der in seinem Geschäft mitarbeitenden Ehefrau einen halben Miteigentumsanteil an einem vermieteten Appartement, das er als Kapitalanlage erworben hat, so steht ihm kein Rückforderungsrecht zu, wenn sich der Wert im Rahmen eines Ausgleichs für geleistete Mitarbeit hält.

Die Gütertrennung schließt es – ebenso wie der gesetzliche Güterstand – nicht aus, daß Ehegatten **gemeinsame Schulden** begründen. Kreditinstitute fordern zwar die Mithaftung der Ehegatten bei Gütertrennung meist nicht. Diese Praxis, für die es keine zwingenden rechtlichen Gründe gibt, besteht allerdings nicht ausnahmslos. Bürgt ein Ehegatte für den anderen, so kann er auch **nach einer Scheidung** in Anspruch genommen werden. Ein Recht, von der Bank die Entlassung aus der Haftung zu verlangen, besteht grundsätzlich nicht. Oder deutlich gesagt: Die unüberlegte Übernahme einer Bürgschaft oder einer Haftung für den Ehegatten ist kein Zeichen von Liebe, sondern von Dummheit. Bei Gütertrennung sogar von besonders großer, da durch sie beide Ehegatten ihren Willen kundgetan haben, daß keiner von ihnen mit dem Vermögen des anderen etwas zu tun haben soll.

b) Eintritt und Beendigung der Gütertrennung, erbrechtliche Wirkungen

Beispiel: Moritz und Frieda haben vor ihrer Eheschließung in einem notariellen Ehevertrag den Zugewinnausgleich ausgeschlossen, da Moritz Mitgesellschafter einer GmbH ist und die Satzung dies verlangt. Gütertrennung haben sie nicht vereinbart. Als Moritz stirbt, erfährt Frieda beim Nachlaßgericht, daß sie neben den beiden gemeinsamen Kindern zu einem Drittel als gesetzlicher Erbe berufen ist. Sie meint, ihr stehe die Hälfte zu.

Gütertrennung wird im Normalfall dadurch begründet, daß sie die Partner vor oder während der Ehe durch **notariellen Vertrag** vereinbaren (§§ 1408, 1410 BGB). Kraft Gesetzes tritt sie ein, wenn die Ehegatten den gesetzlichen Güterstand der **Zugewinngemeinschaft ausschließen** oder **aufheben**, den Zugewinnausgleich oder den **Versorgungsausgleich ausschließen** oder die Gütergemeinschaft aufheben. In allen genannten Fällen gilt dies aber nur, wenn gleichzeitig kein anderer Güterstand vereinbart wird. Auf diese Möglichkeit und den Eintritt der Gütertrennung werden die Ehegatten bei der Beurkundung vom Notar hingewiesen.

Die Gütertrennung endet mit Beendigung der Ehe durch Scheidung und Tod oder durch die Vereinbarung eines anderen Güterstandes. Stirbt ein Ehegatte, so richtet sich das Erbrecht des Überlebenden nach der allgemeinen Bestimmung des § 1931 Abs. 1 und 2 BGB. Jedoch soll § 1931 Abs. 4 BGB verhindern, daß der Erbteil des Ehegatten geringer als der eines Kindes ist. Wäre dies nach der allgemeinen Regelung der Fall, erben alle zu gleichen Teilen. Deshalb erhält der überlebende Ehegatte neben einem Kind die Hälfte, neben zwei Kindern ein Drittel und von drei Kindern an ein Viertel. Durch diese Vorschrift wird dem in Gütertrennung lebenden Ehegatten entgegen der Konzeption der Gütertrennung eine Beteiligung an der ehelichen Wertschöpfung zugebilligt. Sie hängt allerdings von der Zahl der vorhandenen Kinder ab und geht nicht so weit wie bei der Zugewinngemeinschaft.

3. Die Gütergemeinschaft

a) Grundzüge

Beispiel: Frieda hat mit ihrem Moritz Gütergemeinschaft vereinbart. Sie wird aufgrund gesetzlicher Erbfolge Eigentümerin eines kleinen Hausgrundstücks. Als sie dieses verkaufen will, meint der Notar, ohne Mitwirkung ihres Mannes sei dies nicht möglich. Frieda will das nicht glauben, schließlich sei nur sie als Eigentümerin im Grundbuch eingetragen und habe den Grundbesitz auch allein geerbt.

Neben der Gütertrennung bietet das Bürgerliche Gesetzbuch die Gütergemeinschaft als Wahlgüterstand an. Sie beruht auf dem Gedanken, daß zwischen den Ehegatten nicht nur eine Lebens-, sondern auch eine **Vermögensgemeinschaft** besteht. Vermögen, das die Ehegatten bei Eingehung der Ehe bzw. bei Vereinbarung dieses Güterstandes haben oder später hinzuerwerben, wird grundsätzlich gemeinschaftliches Vermögen (§ 1416 BGB). Unabhängig davon, ob die Ehegatten viel, wenig oder gar nichts zum Gesamtgut beigetragen haben, stehen ihnen daran im Regelfall die **gleichen Rechte und Pflichten** zu. Kein Ehegatte kann über die ursprünglich ihm gehörenden Gegenstände frei verfügen. Da das gemeinsame Eigentum automatisch mit der Gütergemeinschaft eintritt und nicht zusätzlicher Übertragungsakte bedarf, ist es gleichgültig, ob Dritte davon Kenntnis erhalten und wie die Eigentumsverhältnisse in öffentlichen Registern, wie z.B. dem Grundbuch, verlautbart sind. Bei Grundstücken ist allerdings zu beachten, daß ein Käufer, der keine Kenntnis vom Güterstand des im Grundbuch eingetragenen Ehegatten hat, **gutgläubig** das Eigentum erwerben kann.

Der Güterstand der Gütergemeinschaft hat – ausgenommen im ländlichen Bereich Süddeutschlands – kaum noch praktische Bedeutung. Deshalb beschränkt sich die nachfolgende Darstellung auf die wesentlichen Merkmale.

b) Die verschiedenen Vermögensmassen

Beispiel: Moritz und Frieda haben bereits vor Eheschließung Gütergemeinschaft vereinbart. Während der Ehe erbt Moritz von seiner Mutter den Familienbetrieb. Diese hat im Testament angeordnet, daß das Unternehmen Vorbehaltsgut sein soll. Als Frieda nach 20 Jahren glücklicher Ehe erfährt, daß ihr daran nichts gehöre, meint sie, das könne aufgrund der Gütergemeinschaft nicht sein.

Bei der Gütergemeinschaft sind fünf Vermögensmassen zu unterscheiden:

- Das **gemeinschaftliche Vermögen beider Ehegatten** (Gesamtgut, § 1416 BGB), das den Ehegatten zur gesamten Hand zusteht. Die **Gesamthandsgemeinschaft** bedeutet, daß kein Ehegatte über seinen Anteil an sämtlichen Gegenständen des Vermögens oder über seinen Anteil an einzelnen Vermögensgegenständen verfügen kann. Deshalb kann z.B. kein Ehegatte seinen Anteil an dem im Gesamtgut befindlichen Grundstück verkaufen. Keiner von ihnen ist berechtigt, Teilung zu verlangen, solange die Gütergemeinschaft besteht (§ 1419 Abs. 1 BGB). Auch wenn ein Ehegatte allein und im eigenen Namen einen Gegenstand, beispielsweise ein Auto, kauft, tritt kraft Gesetzes gemeinschaftliches Eigentum ein. Dabei ist grundsätzlich unerheblich, mit wessen Mitteln der Gegenstand erworben wird.
- Auch im Güterstand der Gütergemeinschaft kann es **Alleineigentum eines Ehegatten** geben. Die Ehegatten können in einem Ehevertrag Gegenstände zum Vorbehaltsgut des Mannes oder der Frau erklären. Daneben gehört zum **Vorbehaltsgut**, was durch Bestimmung eines Dritten in

letztwilliger Verfügung oder bei unentgeltlicher Zuwendung zum Vorbehaltsgut erklärt worden ist (§ 1418 BGB). Die Vorbehaltsguteigenschaft tritt hier automatisch, auch gegen den Willen des Betroffenen ein; diesem steht es aber frei, mit seinem Ehegatten auch diesbezüglich durch Ehevertrag Gesamtgut zu begründen. Erträge und Ersatzgegenstände des Vorbehaltsguts fallen wieder in das Vorbehaltsgut. Jeder Ehegatte verwaltet sein Vorbehaltsgut selbständig. Er muß auch die Lasten allein tragen.

- **Sondergut** eines Ehegatten sind Gegenstände seines Vermögens, die nicht durch Rechtsgeschäft übertragen werden können (§ 1417 BGB), z.B. unpfändbare Lohn- und Gehaltsansprüche und die Stellung eines persönlich haftenden Gesellschafters bei einer offenen Handels- oder Kommanditgesellschaft. Jeder Ehegatte verwaltet sein Sondergut selbständig für Rechnung des Gesamtguts. Deshalb fallen auch die Nutzung des Sonderguts in das Gesamtgut, das auch die anfallenden Lasten zu tragen hat.

Um fünf Vermögensmassen handelt es sich, da es neben dem Gesamtgut das Vorbehaltsgut und des Sondergut sowohl bei der Frau als auch beim Mann geben kann.

c) Die Verwaltung und die Haftung bei gemeinsamer Verwaltung

Beispiel: Moritz hat eine kurze Affäre mit der lebenslustigen Doris, das Ergebnis – ein strammer Junge – wird neun Monate später geboren. Außerdem verursacht Moritz einen „weiteren" Unfall, als er stark alkoholisiert mit seinem Auto fährt. Schließlich nimmt er einen Bankkredit auf und verjubelt das Geld in der Spielbank. Seine Frau Frieda ist verständlicherweise über diese Vorgänge nicht erfreut. Als sie hört, auch das von ihr in das Gesamtgut eingebrachte Vermögen müsse für die Alimente, den Schaden des Unfallgegners und den Kredit haften, meint sie, das könne nicht sein, schließlich müsse man bei der Gütergemeinschaft immer gemeinsam handeln, und sie sei mit dem Verhalten ihres Mannes keinesfalls einverstanden gewesen.

Das Gesamtgut wird von den Ehegatten **gemeinschaftlich**

verwaltet, wenn nicht durch Ehevertrag die Verwaltung einem Ehegatten allein übertragen ist (§ 1421 BGB). Die gemeinschaftliche Verwaltung macht im Normalfall ein **gemeinsames Handeln im geschäftlichen Verkehr** erforderlich. Praktisch relevante **Ausnahmen** sind die Annahme oder Ausschlagung einer Erbschaft, der Verzicht auf den Pflichtteil und betriebsbezogene Rechtshandlungen, wenn der andere Ehegatte in den selbständigen Betrieb des Erwerbsgeschäfts eingewilligt hat (§§ 1455, 1456 BGB). Schließt ein Ehegatte **ohne Mitwirkung des anderen** einen Vertrag, so ist dieser zwar voll wirksam, verpflichtet aber nur den Handelnden persönlich mit seinem Vorbehalts- und Sondergut, begründet aber **keine Haftung für das Gesamtgut**. Deshalb ist beispielsweise der vom Ehemann allein unterzeichnete Darlehensvertrag nicht unwirksam, seine Frau wird dadurch aber mit ihrem und dem gemeinsamen Vermögen nicht verpflichtet.

Verwalten die Ehegatten das Gesamtgut gemeinschaftlich, so haftet das Gesamtgut grundsätzlich für Verbindlichkeiten jedes Ehegatten. Dies gilt auch, wenn der Ehegatte „Dummheiten macht“, also insbesondere für Delikte wie z.B. die Verursachung eines Unfalls. Darüber hinaus haftet jeder Ehegatte bei gemeinschaftlicher Verwaltung persönlich für die Verbindlichkeiten des anderen. Diese persönliche Haftung, die auch das Vorbehalts- und Sondergut betrifft, zeigt deutlich die Gefährlichkeit der Gütergemeinschaft. Dieses Risiko sollten sich Paare deutlich vor Augen führen, wenn sie Gütergemeinschaft vereinbaren wollen.

d) Die Beendigung und Auseinandersetzung der Gütergemeinschaft

Beispiel: Frieda hat mit ihrem Ehemann Moritz Gütergemeinschaft vereinbart. Später erhält Moritz von seinen Eltern den landwirtschaftlichen Betrieb mit Gaststätte und Fremdenpension zum Gesamtgut übertragen. Moritz und Frieda werden in das Grundbuch als Eigentümer eingetragen. Als die Ehe zu kriseln beginnt, droht Frieda dem Moritz, sie werde sich scheiden lassen und die ihr zustehende Hälfte des Anwesens „mitnehmen“.

Die Gütergemeinschaft endet mit Auflösung der Ehe (Tod oder Scheidung), durch Ehevertrag und aufgrund eines einseitigen Aufhebungsverlangens durch gerichtliches Urteil.

Nach Beendigung der Gütergemeinschaft erfolgt die Auseinandersetzung über das Gesamtgut. Diese wird durch beide Ehegatten durchgeführt, auch wenn zunächst Alleinverwaltung bestand. Die Teilung des Gesamtguts erfolgt in der Weise, daß zunächst die Verbindlichkeiten abgezogen werden und vom verbleibenden Vermögen jeder Ehegatte die Hälfte erhält, gleichgültig wieviel er eingebracht hat (§ 1476 BGB). Allerdings hat jeder Ehegatte das Recht, Gegenstände des persönlichen Gebrauchs sowie die von ihm in die Ehe eingebrachten oder später durch Erbfolge, Vermächtnis, vorweggenommene Erbfolge, Schenkung oder als Ausstattung zum Gesamtgut erworbenen Gegenstände gegen Wertersatz zu übernehmen (§ 1477 BGB). Bei Ehescheidung vor Beendigung der Auseinandersetzung kann jeder Ehegatte ferner Wertersatz für die vorstehend näher bezeichneten Gegenstände, die er in das Gesamtgut eingebracht hat, verlangen (§ 1478 BGB). Maßgeblich ist der **Zeitpunkt der Einbringung**. Entgegen der laienhaften Vorstellung der hälftigen Vermögensteilhabe steht der nicht vermögende, „einheiratende" Ehegatte bei Gütergemeinschaft im Fall der Scheidung deshalb nicht besser da als beim gesetzlichen Güterstand: Lediglich Wertsteigerungen des jeweils eingebrachten Vermögens werden somit bei einer Scheidung hälftig geteilt.

e) Tod eines Ehegatten und fortgesetzte Gütergemeinschaft (§§ 1483 ff. BGB)

Beim Tod eines Ehegatten wird die Gütergemeinschaft grundsätzlich nicht fortgesetzt, sondern der Anteil des Verstorbenen am Gesamtgut geht auf seine Erben über (§ 1482 BGB), die mit dem überlebenden Ehegatten die Auseinandersetzung durchzuführen haben. Der gesetzliche Erbteil des hinterbliebenen Ehegatten beträgt ein Viertel; eine Erhöhung wie beim gesetzlichen Güterstand und eine Abhängigkeit von der Zahl der Kinder gibt es hier nicht, da der Überlebende ohnehin am Gesamtgut beteiligt ist.

Eine Fortsetzung der Gütergemeinschaft mit den gemeinschaftlichen Abkömmlingen kann von den Ehegatten vertraglich vereinbart werden. Bestand die Gütergemeinschaft bereits am 1.7.1958 und sind Abkömmlinge vorhanden, tritt fortgesetzte Gütergemeinschaft automatisch ein, sofern sie nicht im Ehevertrag ausgeschlossen worden ist. Vereinbarungen über die Fortsetzung der Gütergemeinschaft, die dem überlebenden Ehegatten die lebzeitige Auseinandersetzung mit den Abkömmlingen ersparen und das gesamte Vermögen frei von Erb- und Pflichtteilsansprüchen gemeinsamer Kinder erhalten soll, kommen heute kaum noch vor. Aus diesem Grund wird auf eine detaillierte Darstellung verzichtet.

4. *Die Eigentums- und Vermögensgemeinschaft nach dem Recht der ehemaligen DDR*

a) Überleitung und Fortsetzungserklärung

Beispiel: Moritz und Frieda haben am 10.12.1980 im Gebiet der neuen Bundesländer geheiratet. Nun leben sie in München und wissen nicht, welcher Güterstand für sie jetzt gilt.

Im Gebiet der ehemaligen DDR ist am 3.10.1990 das Güterrecht des BGB in Kraft getreten. Für Ehegatten, die zu diesem Zeitpunkt im gesetzlichen Güterstand der Eigentums- und Vermögensgemeinschaft des Familiengesetzbuches der ehemaligen DDR gelebt haben, gelten nunmehr die Vorschriften über den gesetzlichen Güterstand der Zugewinngemeinschaft. Die automatische Überleitung greift jedoch nicht ein, soweit die Ehegatten etwas anderes, z.B. Gütertrennung, vereinbart haben (Art. 234 § 4 Abs. 1 EGBGB).

Beispiel: Frieda möchte weiterhin den Güterstand der ehemaligen DDR beibehalten. Moritz erklärt, ohne sein Einverständnis könne das wohl nicht über seinen Kopf hinweg möglich sein. Außerdem stelle das Begehren der Frieda eine schwere Eheverfehlung dar.

Der Güterstand der Zugewinngemeinschaft soll den Ehegatten nicht gegen ihren Willen aufgezwungen werden. Sie können vielmehr die gewohnte Ordnung ihrer vermögensrechtlichen Verhältnisse beibehalten. **Bis zum Ablauf des 2.10.1992** kann jeder Ehegatte unabhängig vom anderen, selbst gegen dessen Willen, durch **einseitige Fortgeltungserklärung** den Eintritt der Zugewinngemeinschaft verhindern. Auch eine einseitige Option für den alten Güterstand kann nicht als Eheverfehlung gewertet werden. Die **notariell** beurkundete Fortgeltungserklärung muß spätestens zum vorgenannten Zeitpunkt gegenüber einem (beliebigen) Kreisgericht (Amtsgericht) abgegeben werden. Nach diesem Stichtag ist das Wahlrecht erloschen; auch ehevertraglich kann der Güterstand der Eigentums- und Vermögensgemeinschaft nicht mehr vereinbart werden (§ 1409 BGB). Verstirbt ein Ehegatte während der Optionszeit, kann der überlebende dagegen sein Gestaltungsrecht noch ausüben.

Ist die Fortgeltungserklärung wirksam geworden, kann sie nicht mehr einseitig zurückgenommen werden. Die Ehegatten haben jedoch jederzeit die Möglichkeit, durch **Ehevertrag** die im BGB angebotenen Güterstände, auch die Zugewinngemeinschaft, zu vereinbaren.

b) Grundzüge des gesetzlichen Güterstandes des FGB-DDR

Beispiel: Frieda hat am 2.1.1992 die Fortgeltungserklärung abgegeben. Moritz möchte wissen, wie der Güterstand bei einer etwaigen Scheidung auseinandergesetzt wird, außerdem ist ihm nicht klar, ob er zwischenzeitlich ab 3.10.1990 in Zugewinngemeinschaft gelebt hat.

Ist die Fortgeltungserklärung durch Zugang beim Gericht wirksam geworden, so gilt die Überleitung in den Güterstand der Zugewinngemeinschaft **rückwirkend**, also ohne Unterbrechung, als nicht erfolgt. Für die vermögensrechtlichen Verhältnisse dieser Ehegatten sind weiterhin die güterrechtlichen Vorschriften des FGB-DDR maßgebend. Diese sehen eine Errungenschaftsgemeinschaft vor, bei der drei Vermögensmassen zu unterscheiden sind: das beiden Ehegatten gemeinschaftlich gehörende Vermögen und die Alleinvermögen eines jeden Ehegatten. Die von einem oder beiden Ehegatten während der Ehe durch Arbeit, aus Arbeitseinkünften, Renten etc. erworbenen Vermögensgegenstände gehören kraft Gesetzes beiden Ehegatten gemeinsam. Dies gilt beispielsweise grundsätzlich auch von einem Grundstück, das ein Ehegatte allein erwirbt. **Alleineigentum** jedes Ehegatten sind dagegen voreheliches Vermögen, Erwerbe durch Schenkung oder Erbschaft sowie zur Befriedigung persönlicher Bedürfnisse und zur Berufsausübung benutzte Sachen von nicht übermäßigen Wert (§ 13 FGB-DDR).

Für **gemeinsame Verbindlichkeiten** beider Ehegatten haftet das gemeinschaftliche Vermögen uneingeschränkt. Für **persönliche** Verbindlichkeiten eines Ehegatten haftet in erster Linie dessen persönliches Vermögen; das gemeinschaftliche Vermögen haftet dafür nur, soweit das Alleinvermögen des Schuldners nicht ausreicht. Das gilt ebenso für Unterhaltsverbindlichkeiten eines Ehegatten, auch gegenüber vorehelichen Kindern.

Die Auseinandersetzung bei Scheidung oder sonstiger Beendigung der Gemeinschaft erfolgt grundsätzlich durch Teilung zu gleichen Anteilen.

VI. Nachehelicher Unterhalt und Versorgungsausgleich

Der nacheheliche Unterhalt und der Versorgungsausgleich gehören zu den wichtigsten Scheidungsfolgen. Sie werden deshalb ausführlich im Beck-Ratgeber Recht im dtv, Grziwotz, Wichtige Rechtsfragen zum Getrenntleben und zur Scheidung, dargestellt. Nachstehend erfolgen aus diesem Grund nur kurze Hinweise.

1. Nachehelicher Unterhalt

Beispiel: Moritz und Frieda haben vor Eheschließung Gütertrennung vereinbart. Als sich Frieda von Moritz nach zwanzigjähriger Ehe, während der sie als Hausfrau tätig war, scheiden lassen will, erklärt ihr Moritz, nach der Scheidung müsse sie wieder arbeiten, von ihm bekomme sie keinen Pfennig.

Die eheliche Solidarität überdauert – rechtlich – auch eine

Scheidung. Zwar muß jeder Ehegatte nach einer Scheidung für sich selbst sorgen. Ist dies nicht möglich, kann aber die Verantwortung für den ehemaligen Lebenspartner fortwirken. Ein Ehegatte hat deshalb einen Anspruch auf Unterhalt gegen den anderen, wenn er nach der Scheidung nicht selbst für seinen Unterhalt sorgen kann (§ 1569 BGB). Dies ist vor allem bei Betreuung gemeinschaftlicher Kinder, bei Krankheit, Gebrechen oder fortgeschrittenem Alter und bis zur Erlangung einer angemessenen Erwerbstätigkeit der Fall. Verdient ein Ehegatte nach der Scheidung weniger als der andere, so kann er von diesem den sog. **Aufstockungsunterhalt** verlangen, um seinen bisherigen Lebensstandard zu erhalten. Der Unterhaltsanspruch besteht unabhängig vom Güterstand und vom Verschulden an der Scheidung. Heiratet der unterhaltspflichtige Partner wieder, so hat der geschiedene Ehegatte unterhaltsrechtlich häufig sogar Vorrang vor dem neuen Ehegatten.

2. Versorgungsausgleich

Beispiel: Moritz war während der dreißigjährigen Ehe mit Frieda als Bankangestellter tätig. Dagegen hat Frieda die gemeinsamen Kinder erzogen und nur kranken- und sozialversicherungsfreie Nebentätigkeiten ausgeübt. Sie möchte wissen, ob sie im Rentenalter auf Sozialhilfe angewiesen ist.

Wie beim Zugewinnausgleich werden bei einer Scheidung die **während der Ehe** erworbenen Ansprüche auf eine Rente wegen Alters oder Berufs- und Erwerbsunfähigkeit miteinander verglichen. Wer mehr erworben hat, muß die Hälfte seines Überschusses an den anderen abgeben. Damit erlangt der geschiedene Ehegatte, der während der Ehe nicht oder nicht voll erwerbstätig war, **eigene**, nicht von dem anderen Ehegatten abgeleitete **Ansprüche** gegen den Träger der gesetzlichen Rentenversicherung. Die geschiedene Hausfrau, die selbst nie erwerbstätig war, kann deshalb die Hälfte der Altersversorgung ihres geschiedenen Mannes für sich beanspruchen. Auch der Versorgungsausgleich ist unabhängig vom Güterstand der Ehegatten durchzuführen.

VII. Gemischt nationale und Ausländerehen

Beispiel: Als Moritz und Frieda heirateten, war Moritz schweizer Staatsangehöriger, Frieda besaß die deutsche Staatsangehörigkeit, und beide lebten in Österreich. Als sie 1992 von Wien nach München umziehen, meint Frieda, für ihre Ehe gelte deutsches Recht. Moritz geht vom Recht des Mannes, also der Schweiz aus, und ein Freund der beiden hält beides für falsch, da österreichisches Recht maßgeblich sei.

Im Ausland bestehen vom deutschen Recht zum Teil erheblich abweichende Rechtsvorschriften. So gilt beispielsweise in den arabischen Staaten ein Eherecht, das maßgeblich durch den Koran beeinflußt ist. Nach traditionellem islamischen Eherecht kann der Mann bis zu vier legale Frauen haben. Er kann die Ehe durch dreimalige Wiederholung der Verstoßungsformel einseitig lösen, während der Frau grundsätzlich kein oder nur ein eingeschränktes Scheidungsrecht zusteht. Unterhaltsansprüche nach der Scheidung bestehen nicht; die Frau erhält lediglich ein Hochzeitsgeld (sog. Morgengabe), das ihrer finanziellen Sicherung dient.

Heiraten ein deutscher und ein ausländischer Partner oder schließen zwei Ausländer die Ehe, stellt sich die Frage, **welche Rechtsordnung** für ihre eherechtlichen Beziehungen maßgeblich ist. Die weitreichenden Folgen dieser Entscheidung hat das Beispiel des islamischen Rechts verdeutlicht. Aus deutscher Sicht regeln Art. 14 EGBGB die allgemeinen Ehewirkungen, Art. 15 EGBGB den Güterstand und Art. 17 EGBGB die Scheidungsfolgen.

Zu den **allgemeinen Ehewirkungen** gehört u.a. das Recht, die Herstellung der ehelichen Lebensgemeinschaft zu verlangen, die Schlüsselgewalt, die Zuweisung von Hausrat und der Ehewohnung. Diese richten sich in erster Linie nach der Staatsangehörigkeit beider Ehegatten (sog. Personalstatut). Besteht oder bestand keine gemeinsame **Staatsangehörigkeit**, ist das Recht des Staates maßgeblich, in dem beide Ehegatten ihren **gewöhnlichen Aufenthalt** haben. Gemeint ist der Ort, an dem der Schwerpunkt der Bindungen der Ehegatten, insbesondere in beruflicher und familiärer Hinsicht, ihr Daseinsmittelpunkt liegt. Versagt auch dieses Kriterium, gilt das Recht des Staates, mit dem die Ehegatten auf andere Weise, z.B. durch gemeinsame soziale Bindungen, durch Herkunft, Kultur, Sprache, berufliche Tätigkeit oder Zukunftsplanung, am engsten verbunden sind.

Diese Kriterien sind auch für das **Scheidungsrecht**, den **Versorgungsausgleich** und die **Unterhaltspflicht** maßgebend. Allerdings kann sich das jeweils anzuwendende Recht während des Bestehens der Ehe wandeln; dies ist beispielsweise der Fall, wenn beide Ehegatten nach der Heirat eine gemeinsame Staatsangehörigkeit erlangen.

Auch die **güterrechtlichen Wirkungen** der Ehe richten sich nach der vorstehend dargestellten „Stufenleiter". Entscheidend ist hier der **Zeitpunkt der Eheschließung**. Bei Eheschließung nach dem 31.3.1953 und vor dem 9.4.1983 ist Stichtag der 9.4.1983 (Art. 220 Abs. 3 EGBGB), wenn bis zu diesem das Mannesrecht maßgeblich war. Bei Ehen, die vor dem 1.4.1953 geschlossen worden sind, bleibt das alte Recht maßgeblich, nach dem bei unterschiedlicher Staatsangehörigkeit das Mannesrecht entscheidend war. Wichtig ist, daß der Güterstand „versteinert" wird. Gilt bei Eheschließung – wie im obigen Beispiel – Gütertrennung nach österreichischem Recht, so ändert sich durch einen späteren Umzug oder die Erlangung einer gemeinsamen Staatsangehörigkeit hieran nichts. Dies ist eine Besonderheit des deutschen Rechts, die beispielsweise im schweizer Privatrecht nicht gilt.

Die vorstehende Darstellung betrifft nur die Beurteilung der Rechtsverhältnisse der Ehegatten nach **deutschem Recht**. Vor Gerichten im Ausland kann aufgrund abweichender Rechtsvorschriften ganz anders entschieden werden.

2. Kapitel: Eheverträge und Ehevereinbarungen

I. Vereinbarungsmöglichkeiten

Beispiel: Moritz und Frieda leben ohne Trauschein zusammen. Sie wollen trotz der steuerlichen und sozialversicherungsrechtlichen Nachteile nicht heiraten, da sie glauben, das staatliche Eherecht würde ihre „freie Liebe" zu stark einengen.

Der Gesetzgeber hat zwar die Rechtsbeziehungen der Ehegatten in einer Reihe von zum Teil äußerst komplizierten Paragraphen geregelt. Durch sie soll insbesondere der sozial schwächere Partner, meist die kindererziehende Hausfrau, im Fall der Scheidung geschützt werden, wenn die Ehegatten selbst keine diesbezüglichen Vereinbarungen treffen. Diesen steht es jedoch frei, durch **privatautonome** Abreden das für ihre individuellen Verhältnisse passende Ehemodell selbst zu gestalten. Da immer mehr Ehen scheitern, empfiehlt sich eine derartige Regelung in guten Tagen, und sei es nur als „Versicherung" gegen das Eherisiko.

1. Das eheliche Zusammenleben

Der Staat schreibt den Ehegatten nicht vor, wie sie ihre Ehe gestalten und wie sie die Aufgaben in ihrer Lebensgemeinschaft verteilen. Dies bleibt allein ihnen überlassen. Bei einer funktionierenden Ehe werden anstehende Probleme, z.B. die Anschaffung eines Haushaltsgegenstandes, meist von Fall zu Fall besprochen und gelöst. Aber auch Entscheidungen mit langfristiger Bedeutung, wie z.B. die Erfüllung das Kinderwunsches und die sich daraus ergebende Aufgabe der Berufstätigkeit eines Partners, können die Ehegatten durch mündliche Abreden treffen. In den USA sind Verträge bereits weit verbreitet, in denen auch persönliche und gesellschaftliche Verhaltenspflichten geregelt werden. Erwähnt sei nur die Klausel, wonach sich dic Frau verpflichtet, die Karriere ihres

Mannes dadurch zu fördern, daß sie wöchentlich mindestens zwei „dinnerpartys" für seine Geschäftsfreunde veranstaltet, und der Mann als Gegenleistung die Frau mindestens einmal im Monat ins Theater ausführt. Auch in Deutschland scheinen derartige Vereinbarungen im Vordringen zu sein.

a) Was dürfen Ehegatten nicht regeln?

Beispiel: Moritz und Frieda halten das Eheversprechen „bis der Tod euch scheidet" für überholt und wollen zunächst nur für drei Jahre fest zusammenbleiben. Wird die Ehe nicht gekündigt, soll sie sich jeweils um ein Jahr verlängern. Außerdem soll sexuelle Freiheit herrschen und auch bei einer langfristigen Geschlechtsbeziehung zu einem anderen Partner die Stellung eines Scheidungsantrags unzulässig sein. Die Eltern halten das für „unmöglich".

Grenzen für Vereinbarungen der Ehegatten über ihr Zusammenleben ergeben sich aus den wenigen zwingenden Vorschriften des Familienrechts und den Verbotsnormen der allgemeinen Gesetze. So schließt § 1353 Abs. 1 S. 1 BGB, wonach die Ehe auf Lebenszeit geschlossen wird, Abreden über eine kürzere Dauer oder eine Kündigungsmöglichkeit aus. Die Ehegatten können auch keine weiteren, vom Gesetz abweichenden Scheidungsgründe oder -erleichterungen vereinbaren. Trotz des **Prinzips der Lebenszeitehe** verstößt es aber umgekehrt auch gegen das Gesetz, wenn die Partner die Scheidung ihrer Ehe ausschließen oder sich verpflichten, in bestimmten Fällen keinen Scheidungsantrag zu stellen.

Zum Wesen der Ehe gehört ferner das **Prinzip der Einehe**. Bigamie ist strafbar (§ 171 StGB). Die Ehe ist schließlich nur zwischen Personen verschiedenen Geschlechts möglich. Abweichende Verträge sind unwirksam. Im übrigen ist es dagegen unter Juristen heftig umstritten, wann Vereinbarungen unter Ehegatten sittenwidrig oder deshalb nichtig sind, weil sie den persönlichen Freiheitsbereich des einzelnen Partners übermäßig beschneiden. So wird auch heute ein Vertrag teilweise noch für unzulässig gehalten, in dem sich ein untreuer Ehemann zur Vermeidung künftiger Seitensprünge gegenüber seiner Frau verpflichtet, keine Geschäfts- oder Urlaubsreisen mehr allein zu unternehmen. Auch Vereinbarungen, die sexuelle Dinge betreffen, wird mitunter noch die Wirksamkeit abgesprochen. Die Prognose, daß sich die Gerichte angesichts der zunehmenden Privatisierung der Ehe bei der Überprüfung von Ehevereinbarungen in Zukunft eher zurückhalten werden, scheint nicht übertrieben. Eine **Grenze** für die Ehevereinbarungen wird deshalb wohl künftig lediglich dort bestehen, wo diese die **Menschenwürde** eines Partners **verletzen**. Dies ist aber sicherlich nicht der Fall, wenn sich ein Partner zum Abwaschen, Kochen etc. verpflichtet. Anders kann dies sein, wenn die Freiheit der Religionsausübung beschränkt wird oder dem Partner im höchstpersönlichen Bereich keine eigene Entscheidungsfreiheit mehr bleibt.

b) Was können Ehegatten vereinbaren?

Beispiel: Frau Frei möchte auch nach der Eheschließung ihren Namen behalten, außerdem möchte sie als emanzipierte Frau berufstätig bleiben und keine Kinder haben. Herr Müller besteht darauf, daß seine Frau seinen Namen trägt, außerdem will er sich das Recht einräumen lassen, ab und zu außereheliche „Affären“ zu haben. Da beide an verschiedenen Orten arbeiten, können sie sich nicht auf einen gemeinsamen Wohnsitz einigen, deshalb soll jeder Partner seine Wohnung behalten und das Eheleben auf das Wochenende beschränkt bleiben.

Nicht nur die internen Beziehungen der Ehegatten unterliegen der Parteivereinbarung; auch die äußeren Zeichen der Lebensgemeinschaft wie der **Ehename** und der **Wohnsitz** können von den Partnern einvernehmlich geregelt werden. Sie können vereinbaren, daß ihre Ehe ohne einen gemeinsamen Haushalt geführt wird und sich ihre Lebensgemeinschaft – zumindest vorerst – auf gegenseitige Besuche, Telefonate und Urlaubsreisen beschränkt. Auch Abreden über die **Familienplanung** sind möglich. Selbst der Regelung der Art des Sexuallebens durch Ehegatten steht nur der gute Geschmack, nicht aber das Gesetz entgegen. Dagegen ist die Verpflichtung zur geschlechtlichen Treue nach überwiegender Ansicht noch unverzichtbar. Die einvernehmliche Aufteilung von **Haus-**

halts- und Erwerbstätigkeit macht das Gesetz den Ehegatten sogar zur Pflicht (§ 1356 BGB).

Das Gebot zur Einigung beherrscht auch das **Namensrecht**: Kein Ehegatte kann dem anderen seinen Namen aufzwingen. Können oder wollen sich die Ehegatten nicht auf einen gemeinsamen Ehenamen einigen, behält nach der geplanten Neuregelung jeder Partner seinen Geburtsnamen. Vertragliche Vereinbarungen vor Eheschließung sind möglich, aber vor dem Standesbeamten wohl nicht erzwingbar. Weicht ein Ehegatte von der Vereinbarung ab, kann der andere nur mit einem „Nein" auf die Frage des Standesbeamten reagieren, also von der Eheschließung absehen. Schließlich ist es möglich, daß sich ein Ehegatte verpflichtet, den gemeinsamen Ehenamen nach einer Scheidung abzulegen. Von Bedeutung ist eine derartige Vereinbarung insbesondere bei „berühmten" Namen oder Adelsprädikaten. Erfüllt der geschiedene Ehegatte diese Verpflichtung später nicht, kann er auf Abgabe einer entsprechenden Erklärung gegenüber dem Standesbeamten verklagt werden.

c) Wie können Ehevereinbarungen durchgesetzt werden?

Beispiel: Herr Müller und Frau Frei haben vereinbart, daß Herr Müller bei Stellung eines Scheidungsantrags 100.000,— DM als Vertragsstrafe an seine Frau bezahlen müsse. Diese möchte nicht mit zwei Kindern ohne Mann dasitzen, nachdem sich ihr Mann schon nicht an die vereinbarte Kinderlosigkeit gehalten habe.

Stellen Abreden zwischen den Ehegatten auf eine bestimmte Situation ab, so muß bei einer Änderung dieser Verhältnisse eine **neue Einigung** erfolgen. So wird die Geburt eines Kindes häufig Anlaß dafür sein, die bisherige beiderseitige Berufstätigkeit neu zu überdenken. Weigert sich ein Ehegatte, kann das Gericht nicht als „Schiedsrichter" eine Neuregelung treffen. Dies ist allein Sache der Ehegatten. Diese können auch ein bestimmtes Verhalten im Bereich der Ehepflichten nicht durch eine Vertragsstrafe absichern. Insbesondere darf kein Ehegatte durch eine Art „Konventionalstrafe" von der Erhebung eines Scheidungsantrags abgehalten werden.

2. Das Güterrecht

Ehegatten können ihre güterrechtlichen Verhältnisse durch Eheverträge regeln, insbesondere den für sie geltenden Güterstand aufheben oder ändern (§ 1408 BGB). Ein Ehevertrag kann sowohl vor der Hochzeit als auch während der Ehe geschlossen werden. Kommt die Ehe nicht zustande, so ist er gegenstandslos; wird sie aufgelöst, so entfallen seine Wirkungen für die Zukunft. Die Vertragspartner sind nicht darauf beschränkt, einen gesetzlich geregelten Güterstand insgesamt zu wählen. Sie können auch den für sie geltenden Güterstand **in einzelnen Punkten** abändern. Diese Möglichkeit gewinnt in der Praxis immer größere Bedeutung.

a) Vor- und Nachteile der einzelnen Güterstände, Steuern

- Sollen Ehegatten Gütergemeinschaft vereinbaren?

Die Antwort kann hier kurz erfolgen; sie lautet „Nein". Die Gütergemeinschaft führt bei einer Scheidung im Ergebnis zu keiner Besserstellung des weniger vermögenden Ehegatten; er wird wie beim gesetzlichen Güterstand nur an Werterhöhungen beteiligt. Anders als beim gesetzlichen Güterstand erfolgt ihre Berücksichtigung bei einem land- oder forstwirtschaftlichen Betrieb mit dem Verkehrswert und nicht dem Ertragswert, d.h. einem nach betriebswirtschaftlichen Jahresabschlüssen ermittelten Vielfachen des Reinertrags. Während der Ehe können die Ehegatten über ihr Vermögen nur gemeinsam verfügen. Dieser geringe Vorteil wird allerdings dadurch aufgewogen, daß jeder Ehegatte Gefahr läuft, durch die **Mithaftung** für die Schulden des anderen sein gesamtes Vermögen zu verlieren.

Die Vereinbarung der Gütergemeinschaft führt auch **steuerlich** zu einer Reihe von **Nachteilen**: In Gütergemeinschaft lebende Ehegatten sind einkommensteuerlich Mitunternehmer, die Anstellung des Ehegatten scheidet deshalb aus. Wird die Gütergemeinschaft auseinandergesetzt, können steuerpflichtige Gewinne durch die Auflösung stiller Reserven entstehen. Die Vereinbarung der Gütergemeinschaft ist **schenkungsteuerpflichtig**. Aufgrund des Ehegattenfreibetrags fällt allerdings nur eine Steuer an, wenn ein Ehegatte dem anderen dabei mehr als 500.000,— DM zuwendet. Ärgerlich ist es dagegen, wenn der weniger vermögende Ehegatte zuerst stirbt. Dann muß der überlebende Ehegatte Vermögen versteuern, das ihm bereits einmal gehört hat. Hat Herr Müller 1.000.000,— DM, Frau Frei 200.000,— DM und verstirbt Frau Frei durch einen Autounfall, „erbt" Herr Müller als erbvertraglicher Alleinerbe 600.000,— DM. Davon muß er für 100.000,— DM **Erbschaftsteuer** bezahlen, obwohl 500.000,— DM von ihm stammen.

- Wann empfiehlt sich die Vereinbarung der Gütertrennung?

Die Antwort mag erstaunen; sie lautet: „Kaum noch". Die Gütertrennung soll meist dem unternehmerisch tätigen Ehegatten während der Ehe die freie Verfügung über sein Vermögen gewährleisten und bei einer Scheidung den Betrieb vor Ansprüchen des anderen Teils schützen. Dieses Ergebnis läßt sich auch ohne die Vereinbarung der Gütertrennung durch eine ehevertragliche Abänderung des gesetzlichen Güterstandes erreichen. Sie läßt eine gerechtere Lösung zugunsten des haushaltsführenden Ehegatten zu. Für den Fall der Eheauflösung durch den Tod eines Ehegatten, führt die Gütertrennung bei Vorhandensein zweier Kinder des Erblassers zudem zu einer geringeren Erbquote des überlebenden Ehegatten. Besonders wichtig ist aber, daß gerade bei einem größeren Vermögen die Steuerfreiheit der Zugewinnausgleichsforderung bei Gütertrennung nicht besteht. Die Vorsorge für den Fall der Scheidung kann so zu Einnahmen für den Fiskus führen. Vererbt Herr Müller seiner Frau 1.000.000,— DM, von denen er während der Ehe 500.000,— DM erworben hat, so sind – unter Berücksichtigung des Versorgungsfreibetrags – bei Gütertrennung 500.000,— DM, bei Zugewinngemeinschaft 250.000,— DM zu versteuern.

- Kann die Zugewinngemeinschaft ehevertraglich „maßgeschneidert" werden?

Beispiel: Moritz studiert Medizin; seine Frau Frieda ist Sprechstundenhilfe und „Ernährer" der Familie. Als frischgebackener „Doktor" läßt er sich scheiden und fordert von Frieda als Zugewinnausgleich die Hälfte des während der

Ehe von Frieda zur Seite gelegten „Notgroschens“. Ferner will er die halbe Wertsteigerung ausbezahlt, die ein Grundstück, das Frieda von ihren Eltern geerbt hat, dadurch erfahren hat, daß es Bauland wurde. Außerdem möchte er sich für seine künftige Ehe mit dem Fotomodell Lisa für den Fall der Scheidung absichern.

Der Ausgleich des Zugewinns bei einer Scheidung führt in der „Hausfrauen- bzw. Hausmannsehe“ zu einer ausgewogenen Beteiligung des kindererziehenden Ehegatten am wirtschaftlichen Erfolg des berufstätigen Partners. Beim Tod eines Ehegatten bleibt die tatsächliche Zugewinnausgleichsforderung, also nicht das pauschale Viertel, von der Erbschaftsteuer frei.

Sind beide Ehegatten berufstätig oder sorgen sie auf andere Weise, z.B. durch Zuwendungen für eine beiderseitige Vermögensbildung, kann auf die Durchführung des Zugewinnausgleichs für den Fall der Scheidung ganz verzichtet werden. Auch die Verfügungsbeschränkungen der §§ 1365, 1369 BGB können daneben vertraglich ausgeschlossen werden. Durch diese Modifizierungen bleiben den Ehegatten der erhöhte Erbteil beim Tod eines Ehegaten und die Steuerfreiheit des Zugewinns erhalten, während der Ehe und bei einer Scheidung stehen die Ehegatten aber wie bei der Gütertrennung.

Als ungerecht wird es häufig auch empfunden, wenn die Wertsteigerungen eines Gegenstandes, den ein Ehegatte bereits bei der Heirat besaß oder später geerbt oder im Wege der vorweggenommenen Erbfolge, Schenkung oder Ausstattung erworben hat, bei einer Scheidung auszugleichen sind. Derartige Vermögenszuwächse treten nämlich vielfach unabhängig von der Ehe ein, und es ist mitunter auch völlig zufällig, wenn sie während der Ehe erfolgen. Eine ähnliche Interessenlage besteht bei Vorhandensein von Betriebsvermögen. Hier können Gesichtspunkte des Unternehmensschutzes dafür sprechen, dieses Vermögen von Ausgleichsforderungen möglichst frei zu halten. Es ist möglich, durch Ehevertrag bestimmte Gegenstände, z.B. die Wertsteigerungen ererbten Vermögens, vom Zugewinn auszunehmen. Dabei sollte aber darauf geachtet werden, daß sich dadurch nicht ein Ausgleichsanspruch des vermögenden Ehegatten ergibt. Bleibt der Betrieb des Ehemannes beim Zugewinn unberücksichtigt, wäre es ungerecht, wenn die Ehefrau ihr während der Ehe angelegtes Sparbuch teilen müßte.

Unbillig ist es auch, wenn ein Ehegatte die Ehe mit hohen Schulden beginnt und diese während der Ehe mit Hilfe des Partners tilgt, aber keinen sonstigen Zugewinn erzielt. In diesem Fall würde er vom Partner zusätzlich die Hälfte von dessen Zugewinn erhalten. Dem kann durch die Vereinbarung eines **negativen Anfangsvermögens** begegnet werden.

Schließlich kann ein Zugewinnausgleich dann ungerecht sein, wenn ein Ehegatte aus Umständen, die in seiner Lebensplanung liegen, z.B. wegen einer Ausbildung, an einer eigenen Vermögensbildung gehindert ist. Umgekehrt kann der Ausschluß des Zugewinnausgleichs bei einer Doppelverdiener-Ehe unbillig werden, wenn später ein Ehegatte zur Erziehung eines gemeinsamen Kindes seinen Beruf aufgibt. Dies kann dadurch vermieden werden, daß der Zugewinnausgleich zunächst ausgeschlossen, aber dem kindererziehenden Ehegatten ein Rücktrittsrecht von dieser Vereinbarung eingeräumt wird.

Die vorstehenden Beispiele zeigen, daß der gesetzliche Güterstand ehevertraglich individuell „passend“ gestaltet werden kann. Selbst wenn Ehegatten zunächst Gütertrennung vereinbart haben, können sie auch nach mehrjähriger Ehe im Verhältnis zueinander noch **rückwirkend** den Zugewinnausgleich beim Versterben eines Ehegatten vereinbaren. Die Finanzämter müssen dies – zähneknirschend – bei der Erbschaftsteuer akzeptieren.

b) Verwaltungsverträge

Beispiel: Frau Frei hat von ihrem Vater ein großes Bauunternehmen geerbt. Da sie selbst über keine entsprechende Ausbildung verfügt, soll ihr Mann die Firma leiten.

Ehegatten können in jedem Güterstand vereinbaren, daß Vermögen, das aufgrund des Güterrechts ein Ehegatte allein verwaltet, dem anderen zur Verwaltung überlassen wird. Dies kann durch **formlosen Vertrag** erfolgen. Er ist jederzeit widerrufbar, falls die Ehegatten nicht ehevertraglich etwas anderes vereinbart haben (§ 1413 BGB). Da Verwaltungsverträge nur die Beziehungen zwischen den Ehegatten betreffen, kann der verwaltende Ehegatte den anderen gegenüber Dritten rechtsgeschäftlich nur verpflichten, wenn ihm auch eine entsprechende **Vollmacht** erteilt wird.

3. Nachehelicher Unterhalt und Versorgungsausgleich

Beispiel: Herr und Frau Müller sind mit dem Zerrüttungsprinzip nicht einverstanden. Nur derjenige Ehegatte, der keine „Schuld" an der Scheidung ihrer Ehe hat, soll später einmal vom anderen Unterhalt und Rentenanwartschaften bekommen. Außerdem möchte Herr Müller nur für die Zeiten bezahlen, in denen seine Frau gemeinsame Kinder erzieht, im übrigen soll sie arbeiten oder der „Staat" einspringen.

Während ein vollständiger oder teilweiser Verzicht auf den **während der Ehe** geschuldeten Unterhalt, auch bei Getrenntleben, für künftige Zeiten nichtig ist, können die Ehegatten für die Zeit nach ihrer Scheidung bereits vor oder während der Ehe vorsorgende Vereinbarungen treffen.

Den Ehegatten steht es frei, den **nachehelichen Unterhalt** und den **Versorgungsausgleich** vollständig auszuschließen. Schließen Ehegatten einen derartigen Vertrag, wenn sie beide erwerbstätig sind, und gibt später ein Ehegatte wegen der Betreuung eines gemeinsamen Kindes seinen Beruf auf, haben die Gerichte eine Berufung auf die unter anderen Verhältnissen getroffene Vereinbarung für treuwidrig gehalten. Die eheliche Solidargemeinschaft verbietet auch einen vollständigen Ausschluß, wenn dabei klar ist, daß der nicht erwerbstätige Ehegatte damit automatisch der Sozialhilfe anheim fällt.

Bleiben beide Ehegatten berufstätig, dann sorgt jeder selbst für seine soziale Sicherung im Falle der Krankheit und des Alters. Wird die Berufstätigkeit zur Familienbetreuung oder mit Einverständnis des Partners unterbrochen, kann der Versorgungsausgleich auf diese Zeit **beschränkt** werden. In gleicher Weise kann auf Unterhalt nach der Scheidung mit Ausnahme des Unterhalts wegen der Betreuung eines Kindes (§ 1570 BGB) verzichtet werden. Begrenzungen sind bei Ehepartnern mit weit voneinander abweichenden Einkommensverhältnissen auch der Höhe nach möglich. Hinsichtlich des nachehelichen Unterhalts ist schließlich auch eine **zeitliche** Begrenzung möglich.

In nicht wenigen Fällen wünschen die Partner, die Abhängigkeit der Scheidungsfolgen vom **Verschuldensprinzip**. Dies ist hinsichtlich des Güterrechts und des Versorgungsausgleichs zwar möglich, aber nicht unproblematisch, da es sich in beiden Fällen um die Verteilung von Vermögenswerten handelt, die in den „guten Tagen" der Ehe erwirtschaftet wurden. Anders ist dies beim nachehelichen Unterhalt. Allerdings erfordert auch hier die gesetzliche Feststellung der Schuld, daß „schmutzige Wäsche gewaschen werden" muß. Da bereits nach § 1579 Nr. 6 BGB Verstöße eines Ehegatten gegen die eheliche Treuepflicht und das einseitige Ausbrechen aus einer intakten Ehe zum Unterhaltsausschluß führen können, werden damit häufig bereits die Wirkungen einer „Verschuldensklausel" erfüllt.

Bei Vereinbarungen über den Versorgungsausgleich ist zu beachten, daß dessen vollständiger Ausschluß ohne anderweitige Regelung zur **Gütertrennung** führt. Ehegatten können auch nicht beliebig über die Verteilung ihrer Rentenanwartschaften disponieren. Insbesondere können sie Anwartschaftsrechte in einer gesetzlichen Rentenversicherung nicht begründen und nicht übertragen; dies schließt grundsätzlich auch eine Vereinbarung aus, nach der ein Ehegatte höhere Anwartschaften erhält, als ihm bei Durchführung des gesetzlichen Versorgungausgleichs zustünden. Stellt ein Ehegatte innerhalb eines Jahres nach einer ehevertraglichen Vereinbarung über den Versorgungsausgleich einen Scheidungsantrag, wird diese unwirksam. Treffen Ehegatten eine derartige Vereinbarung im Zusammenhang mit der Scheidung, bedarf sie der **Genehmigung des Familiengerichts**. Schließlich ist noch anzumerken, daß Vereinbarungen über den Versorgungsausgleich unter bestimmten Voraussetzungen auf Antrag eines Partners der Abänderung unterliegen, wenn die Abänderbarkeit nicht vertraglich ausgeschlossen wurde.

4. Vereinbarungen zwischen und mit Ausländern

Beispiel: Mohammed und Theresa sind türkische bzw. italienische Staatsangehörige. Sie sind als Gastarbeiterkinder in Deutschland aufgewachsen, sprechen bayerischen Dialekt und fühlen sich allein Deutschland verbunden. Deshalb wünschen sie die Geltung deutschen Rechts für ihre geplante Ehe. Beide führen eine „Wochendend-Ehe“, da Mohammed in Österreich wohnt und arbeitet, während Theresa dies in Deutschland tut.

Hinsichtlich der **allgemeinen Ehewirkungen** können die Ehegatten nur eines ihrer Heimatrechte wählen, nicht daber das Recht des Aufenthalts- oder eines dritten Staates. Allerdings gilt im obigen Beispiel ohnehin deutsches Recht, da beide Partner mit diesem Staat am engsten verbunden sind. Hinsichtlich der **güterrechtlichen** Wirkungen sind den Ehegatten mehrere Möglichkeiten einer Rechtswahl gegeben: Zur Wahl freigestellt sind ihnen das Heimatrecht und das Recht des gewöhnlichen Aufenthalts auch nur eines Ehegatten. Bezüglich des **unbeweglichen** Vermögens, z.B. für Grundstükke, kann auch das Recht des Lageortes gewählt werden. Auch wenn ein bestimmter Güterstand bereits kraft Gesetzes gilt, ist ein „Bestätigungsvertrag“ zulässig. Ist eine Rechtswahl für deutsches Recht erfolgt, kann der Güterstand nach den Vorschriften des BGB geregelt werden.

5. Erbrecht

Beispiel: Herr und Frau Müller haben zwei gemeinschaftliche Kinder. Wenn ein Ehegatte stirbt, soll zunächst der Überlebende Alleinerbe werden. Die Kinder sollen erst beim Ableben des Letztversterbenden erben.

Ehegatten können die Erbfolge durch Einzeltestamente oder einen Erbvertrag regeln. Daneben steht ihnen das gemeinschaftliche Testament zur Verfügung. Setzen sich die Ehegatten gegenseitig und als Erben des Längstlebenden die gemeinsamen Kinder ein, spricht man von einem **„Berliner Testament“**. Im Zweifel wird dabei der überlebende Ehegatte Vollerbe und die Kinder werden Erben des Längstlebenden. Da sie beim ersten Erbfall enterbt sind, stehen ihnen Pflichtteilsansprüche in Höhe der Hälfte des gesetzlichen Erbteils gegen den Überlebenden zu.

Während die gegenseitige Erbeinsetzung häufig gewünscht wird, bestehen in nicht wenigen Fällen Unklarheiten über die Schlußerbeneinsetzung; soll der überlebende Ehegatte insoweit die Möglichkeit der Abänderbarkeit haben mit der Konsequenz, daß er auch Kinder aus einer zweiten Ehe bedenken könnte? Letztlich kann diese Frage nur im Hinblick auf die Vermögensverhältnisse und das bestehende gegenseitige Vertrauen im Einzelfall beantwortet werden.

6. *Form, Kosten und Güterrechtsregister*

a) Welche Formvorschriften sind bei Vereinbarungen zu beachten?

Ein Ehevertrag hinsichtlich der güterrechtlichen Verhältnisse der Ehegatten muß bei gleichzeitiger Anwesenheit beider Teile zur **Niederschrift eines Notars** geschlossen werden. Die notarielle Form gilt auch für Rechtswahlverträge, Vereinbarungen über den Zugewinnausgleich und Vereinbarungen über den Versorgungsausgleich. Dagegen sind die Regelung der Rollenverteilung und der Einzelheiten der ehelichen Lebensgemeinschaft formlos möglich. Keiner Form bedarf auch eine isolierte Vereinbarung über den nachehelichen Unterhalt; wird diese mit einer güter- oder versorgungsausgleichsrechtlichen Regelung verbunden, erstreckt sich der Formzwang auch auf sie.

b) Welche Kosten fallen beim Notar an?

Die Notargebühren für einen Ehevertrag richten sich nach dem Inhalt der Regelung. Für güterrechtliche Vereinbarungen ist das Vermögen beider Partner nach Abzug eventueller Schulden Berechnungsgrundlage. Hinzu kommen die Werte für weitere Vereinbarungen. Ergibt dies einen Geschäftswert von ca. 100.000,— DM, so kostet der Ehevertrag etwa

600,— DM. Wird ein Ehevertrag gleichzeitig mit einem Erbvertrag beurkundet, fällt die Gebühr nur einmal an.

c) Was ist das Güterrechtsregister?
Der Güterstand von Ehegatten kann auch Auswirkungen auf die Verfügungsbefugnis und die Schuldenhaftung haben und damit die Rechtsstellung Dritter berühren. Das bei den **Amtsgerichten** geführte Güterrechtsregister soll Dritte davor schützen, daß ihnen von der gesetzlichen Regelung abweichende Abmachungen entgegengehalten werden. Es schützt aber auch die Ehegatten, indem es ihnen die Möglichkeit gibt, Dritten solche Vereinbarungen wirksam entgegenzusetzen. Es besteht keine Pflicht zur Eintragung. Ein Ehevertrag ist auch ohne Eintragung wirksam. Eintragungsfähig sind nur solche Tatsachen, die **Außenwirkungen für den Rechtsverkehr** haben.

Dem Güterrechtsregister kommt **kein öffentlicher Glaube** zu. Lediglich auf den Fortbestand einer Eintragung und dem Schweigen des Registers darf man vertrauen. Ist eine Tatsache nicht eingetragen, so muß ein Dritter sie nur gegen sich gelten lassen, wenn er sie kennt. Eintragungen im Güterrechtsregister werden im örtlichen Tagblatt veröffentlicht. Dieser Umstand hat dazu geführt, daß die Güterrechtsregister praktisch fast ohne Bedeutung sind.

II. Musterformulierungen in notariellen Eheverträgen

1. Ehevertrag einer Doppelverdienerehe ohne Kinderwunsch

a) Modifizierte Zugewinngemeinschaft für die Scheidung
Hinsichtlich des ehelichen Güterrechts soll es grundsätzlich beim gesetzlichen Güterstand verbleiben.

Wenn dieser Güterstand auf andere Weise als durch den Tod eines Ehegatten beendet wird, insbesondere wenn unsere Ehe geschieden wird, soll ein Zugewinnausgleich nicht stattfinden. Dagegen verbleibt es beim Zugewinnausgleich bei Beendigung unserer Ehe durch den Tod eines Ehegatten.

Die Verfügungsbeschränkungen der §§ 1365, 1369 BGB schließen wir aus; jeder Ehegatte kann somit ohne Zustimmung des anderen über sein Vermögen im ganzen und über die ihm gehörenden Gegenstände des ehelichen Haushalts verfügen.

b) Ausschluß des nachehelichen Unterhalts und des Versorgungsausgleichs

Für den Fall der Scheidung unserer Ehe vereinbaren wir den gegenseitigen und vollständigen Verzicht auf die Gewährung nachehelichen Unterhalts, auch für den Fall der Not und der Gesetzesänderung, und nehmen diesen Verzicht gegenseitig an.

Durch den heutigen Ehevertrag schließen wir auch den Versorgungsausgleich aus (§ 1408 Abs. 2 S. 1 BGB).

2. *Ehevertrag eines Ehepaars mit ererbtem Vermögen und mit Kindern*

a) Modifizierte Zugewinngemeinschaft bezüglich Wertsteigerungen

Hinsichtlich des ehelichen Güterrechts soll es grundsätzlich beim gesetzlichen Güterstand verbleiben.

Wenn dieser Güterstand aber auf andere Weise als durch den Tod eines Ehegatten beendet wird, insbesondere wenn unsere Ehe geschieden wird, sollen Schenkungen eines Dritten an einen von uns und Erbschaften eines Ehegatten beim Zugewinnausgleich in keiner Weise, also weder beim Anfangs- noch beim Endvermögen, berücksichtigt werden. Dies gilt auch für etwaige Ersatzgegenstände. Verwendungen auf diese vom Zugewinnausgleich ausgenommenen Gegenstände sind jedoch zu berücksichtigen, wenn sie aus ausgleichspflichtigem Vermögen eines Ehegatten erfolgen. Kein Ehegatte ist zum Zugewinnausgleich verpflichtet, wenn er unter Berücksichtigung des vom Zugewinnausgleich ausgenommenen Vermögens nicht zur Ausgleichung verpflichtet wäre.

b) Nachehelicher Unterhalt und Versorgungsausgleich nur bei Kinderbetreuung

Wir verzichten gegenseitig auf die Gewährung nachehelichen Unterhalts. Sollten jedoch aus unserer Ehe gemeinsame Kinder hervorgehen, kann der Ehegatte, dem das Sorgerecht für das oder die Kinder übertragen wird, vom anderen Unterhalt verlangen, solange und soweit von ihm wegen der Pflege oder Erziehung eines gemeinschaftlichen Kindes eine Erwerbstätigkeit nicht erwartet werden kann (§ 1570 BGB). Im Anschluß an die Kinderbetreuung kann Unterhalt aus anderen gesetzlichen Gründen nur für die Dauer von drei Jahren verlangt werden, danach wird der Verzicht wieder wirksam.

Wir schließen ferner den Versorgungsausgleich und eine Abänderbarkeit dieser Vereinbarung aus. Der Versorgungsausgleich soll nach Maßgabe der gesetzlichen Vorschriften für den Zeitraum, in dem ein Ehegatte wegen der Betreuung eines gemeinsamen Kindes keine eigenen Versorgungsanwartschaften erworben hat, durchgeführt werden, sofern hierdurch kein sog. Supersplitting eintritt.

Anhang: Gesetzestexte in Auszügen

I. Grundgesetz (GG)

Art. 3 (Gleichheit vor dem Gesetz) (1) (...) (2) Männer und Frauen sind gleichberechtigt.

Art. 6 (Ehe, Familie) (1) Ehe und Familie stehen unter dem besonderen Schutz der staatlichen Ordnung.

II. Bürgerliches Gesetzbuch (BGB)

§ 1297 (Unklagbarkeit) (1) Aus einem Verlöbnisse kann nicht auf Eingehung der Ehe geklagt werden.

(2) Das Versprechen einer Strafe für den Fall, daß die Eingehung der Ehe unterbleibt, ist nichtig.

§ 1298 (Ersatzpflicht bei Rücktritt) (1) Tritt ein Verlobter von dem Verlöbnisse zurück, so hat er dem anderen Verlobten und dessen Eltern sowie dritten Personen, welche an Stelle der Eltern gehandelt haben, den Schaden zu ersetzen, der daraus entstanden ist, daß sie in Erwartung der Ehe Aufwendungen gemacht haben oder Verbindlichkeiten eingegangen sind. Dem anderen Verlobten hat er auch den Schaden zu ersetzen, den dieser dadurch erleidet, daß er in Erwartung der Ehe sonstige sein Vermögen oder seine Erwerbsstellung berührende Maßnahmen getroffen hat.

(2) Der Schaden ist nur insoweit zu ersetzen, als die Aufwendungen, die Eingehung der Verbindlichkeiten und die sonstigen Maßnahmen den Umständen nach angemessen waren.

(3) Die Ersatzpflicht tritt nicht ein, wenn ein wichtiger Grund für den Rücktritt vorliegt.

§ 1299 (Rücktritt aus Verschulden des anderen Teiles) Veranlaßt ein Verlobter den Rücktritt des anderen durch ein Verschulden, das einen wichtigen Grund für den Rücktritt bildet, so ist er nach Maßgabe des § 1298 Abs. 1, 2 zum Schadensersatze verpflichtet.

§ 1300 (Beiwohnung) (1) Hat eine unbescholtene Verlobte ihrem Verlobten die Beiwohnung gestattet, so kann sie, wenn die Voraussetzungen des § 1298 oder des § 1299 vorliegen, auch wegen des Schadens, der nicht Vermögensschaden ist, eine billige Entschädigung in Geld verlangen.

(2) Der Anspruch ist nicht übertragbar und geht nicht auf die Erben über, es sei denn, daß er durch Vertrag anerkannt oder daß er rechtshängig geworden ist.

§ 1301 (Rückgabe von Geschenken) Unterbleibt die Eheschließung, so kann jeder Verlobte von dem anderen die Herausgabe desjenigen, was er ihm geschenkt oder zum Zeichen des Verlöbnisses gegeben hat, nach den Vorschriften über die Herausgabe einer ungerechtfertigten Bereicherung fordern. Im Zweifel ist anzunehmen, daß die Rückforderung ausgeschlossen sein soll, wenn das Verlöbnis durch den Tod eines der Verlobten aufgelöst wird.

§ 1302 (Verjährung) Die in den §§ 1298 bis 1301 bestimmten Ansprüche verjähren in zwei Jahren von der Auflösung des Verlöbnisses an.

§ 1353 (Eheliche Lebensgemeinschaft) (1) Die Ehe wird auf Lebenszeit geschlossen. Die Ehegatten sind einander zur ehelichen Lebensgemeinschaft verpflichtet.

(2) Ein Ehegatte ist nicht verpflichtet, dem Verlangen des anderen Ehegatten nach Herstellung der Gemeinschaft Folge zu leisten, wenn sich das Verlangen als Mißbrauch seines Rechtes darstellt oder wenn die Ehe gescheitert ist.

§ 1356 (Haushaltsführung und Erwerbstätigkeit) (1) Die Ehegatten regeln die Haushaltsführung im gegenseitigen Einvernehmen. Ist die Haushaltsführung einem der Ehegatten überlassen, so leitet dieser den Haushalt in eigener Verantwortung.

(2) Beide Ehegatten sind berechtigt, erwerbstätig zu sein. Bei der Wahl und Ausübung einer Erwerbstätigkeit haben sie

auf die Belange des anderen Ehegatten und der Familie die gebotene Rücksicht zu nehmen.

§ 1357 (Geschäfte zur Deckung des Lebensbedarfs) (1) Jeder Ehegatte ist berechtigt, Geschäfte zur angemessenen Deckung des Lebensbedarfs der Familie mit Wirkung auch für den anderen Ehegatten zu besorgen. Durch solche Geschäfte werden beide Ehegatten berechtigt und verpflichtet, es sei denn, daß sich aus den Umständen etwas anderes ergibt.

(2) Ein Ehegatte kann die Berechtigung des anderen Ehegatten, Geschäfte mit Wirkung für ihn zu besorgen, beschränken oder ausschließen; besteht für die Beschränkung oder Ausschließung kein ausreichender Grund, so hat das Vormundschaftsgericht sie auf Antrag aufzuheben. Dritten gegenüber wirkt die Beschränkung oder Ausschließung nur nach Maßgabe des § 1412.

(3) Absatz 1 gilt nicht, wenn die Ehegatten getrennt leben.

§ 1359 (Umfang der Sorgfaltspflicht) Die Ehegatten haben bei der Erfüllung der sich aus dem ehelichen Verhältnis ergebenden Verpflichtungen einander nur für diejenige Sorgfalt einzustehen, welche sie in eigenen Angelegenheiten anzuwenden pflegen.

§ 1360 (Verpflichtung zum Familienunterhalt) Die Ehegatten sind einander verpflichtet, durch ihre Arbeit und mit ihrem Vermögen die Familie angemessen zu unterhalten. Ist einem Ehegatten die Haushaltsführung überlassen, so erfüllt er seine Verpflichtung, durch Arbeit zum Unterhalt der Familie beizutragen, in der Regel durch die Führung des Haushalts.

§ 1360 a (Umfang der Unterhaltspflicht; Prozeßkosten) (1) Der angemessene Unterhalt der Familie umfaßt alles, was nach den Verhältnissen der Ehegatten erforderlich ist, um die Kosten des Haushalts zu bestreiten und die persönlichen Bedürfnisse der Ehegatten und den Lebensbedarf der gemeinsamen unterhaltsberechtigten Kinder zu befriedigen.

(2) Der Unterhalt ist in der Weise zu leisten, die durch die eheliche Lebensgemeinschaft geboten ist. Die Ehegatten sind einander verpflichtet, die zum gemeinsamen Unterhalt der Familie erforderlichen Mittel für einen angemessenen Zeitraum im voraus zur Verfügung zu stellen.

(3) Die für die Unterhaltspflicht der Verwandten geltenden Vorschriften der §§ 1613 bis 1615 sind entsprechend anzuwenden.

(4) Ist ein Ehegatte nicht in der Lage, die Kosten eines Rechtsstreits zu tragen, der eine persönliche Angelegenheit betrifft, so ist der andere Ehegatte verpflichtet, ihm diese Kosten vorzuschießen, soweit dies der Billigkeit entspricht. Das gleiche gilt für die Kosten der Verteidigung in einem Strafverfahren, das gegen einen Ehegatten gerichtet ist.

§ 1360 b (Zuvielleistung) Leistet ein Ehegatte zum Unterhalt der Familie einen höheren Beitrag als ihm obliegt, so ist im Zweifel anzunehmen, daß er nicht beabsichtigt, von dem anderen Ehegatten Ersatz zu verlangen.

§ 1362 (Eigentumsvermutungen) (1) Zugunsten der Gläubiger des Mannes und der Gläubiger der Frau wird vermutet, daß die im Besitz eines Ehegatten oder beider Ehegatten befindlichen beweglichen Sachen dem Schuldner gehören. Diese Vermutung gilt nicht, wenn die Ehegatten getrennt leben und sich die Sachen im Besitz des Ehegatten befinden, der nicht Schuldner ist. Inhaberpapiere und Orderpapiere, die mit Blankoindossament versehen sind, stehen den beweglichen Sachen gleich.

(2) Für die ausschließlich zum persönlichen Gebrauch eines Ehegatten bestimmten Sachen wird im Verhältnis der Ehegatten zueinander und zu den Gläubigern vermutet, daß sie dem Ehegatten gehören, für dessen Gebrauch sie bestimmt sind.

§ 1363 (Zugewinngemeinschaft) (1) Die Ehegatten leben im Güterstand der Zugewinngemeinschaft, wenn sie nicht durch Ehevertrag etwas anderes vereinbaren.

(2) Das Vermögen des Mannes und das Vermögen der Frau werden nicht gemeinschaftliches Vermögen der Ehegatten; dies gilt auch für Vermögen, das ein Ehegatte nach Eheschließung erwirbt. Der Zugewinn, den die Ehegatten in der Ehe erzielen, wird jedoch ausgeglichen, wenn die Zugewinngemeinschaft endet.

§ 1364 (Selbständige Vermögensverwaltung) Jeder Ehegatte verwaltet sein Vermögen selbständig; er ist jedoch in der Verwaltung seines Vermögens nach Maßgabe der folgenden Vorschriften beschränkt.

§ 1365 (Einschränkung der Verfügungsmacht über Vermögen im ganzen) (1) Ein Ehegatte kann sich nur mit Einwilligung des anderen Ehegatten verpflichten, über sein Vermögen im ganzen zu verfügen. Hat er sich ohne Zustimmung des anderen Ehegatten verpflichtet, so kann er die Verpflichtung nur erfüllen, wenn der andere Ehegatte einwilligt.

(2) Entspricht das Rechtsgeschäft den Grundsätzen einer ordnungsmäßigen Verwaltung, so kann das Vormundschaftsgericht auf Antrag des Ehegatten die Zustimmung des anderen Ehegatten ersetzen, wenn dieser sie ohne ausreichenden Grund verweigert oder durch Krankheit oder Abwesenheit an der Abgabe einer Erklärung verhindert und mit dem Aufschub Gefahr verbunden ist.

§ 1366 (Genehmigung von Verträgen) (1) Ein Vertrag, den ein Ehegatte ohne die erforderliche Einwilligung des anderen Ehegatten schließt, ist wirksam, wenn dieser ihn genehmigt.

(2) Bis zur Genehmigung kann der Dritte den Vertrag widerrufen. Hat er gewußt, daß der Mann oder die Frau verheiratet ist, so kann er nur widerrufen, wenn der Mann oder die Frau wahrheitswidrig behauptet hat, der andere Ehegatte habe eingewilligt; er kann auch in diesem Falle nicht widerrufen, wenn ihm beim Abschluß des Vertrages bekannt war, daß der andere Ehegatte nicht eingewilligt hatte.

(3) Fordert der Dritte den Ehegatten auf, die erforderliche Genehmigung des anderen Ehegatten zu beschaffen, so kann

dieser sich nur dem Dritten gegenüber über die Genehmigung erklären; hat er sich bereits vor der Aufforderung seinem Ehegatten gegenüber erklärt, so wird die Erklärung unwirksam. Die Genehmigung kann nur innerhalb von zwei Wochen seit dem Empfang der Aufforderung erklärt werden; wird sie nicht erklärt, so gilt sie als verweigert. Ersetzt das Vormundschaftsgericht die Genehmigung, so ist sein Beschluß nur wirksam, wenn der Ehegatte ihn dem Dritten innerhalb der zweiwöchigen Frist mitteilt; andernfalls gilt die Genehmigung als verweigert.

(4) Wird die Genehmigung verweigert, so ist der Vertrag unwirksam.

§ 1367 (Einseitige Rechtsgeschäfte) Ein einseitiges Rechtsgeschäft, das ohne die erforderliche Einwilligung vorgenommen wird, ist unwirksam.

§ 1368 (Geltendmachung der Unwirksamkeit) Verfügt ein Ehegatte ohne die erforderliche Verfügung über sein Vermögen, so ist auch der andere Ehegatte berechtigt, die sich aus der Unwirksamkeit der Verfügung ergebenden Rechte gegen den Dritten gerichtlich geltend zu machen.

§ 1369 (Verfügungen über Haushaltsgegenstände) (1) Ein Ehegatte kann über ihm gehörende Gegenstände des ehelichen Haushalts nur verfügen und sich zu einer solchen Verfügung auch nur verpflichten, wenn der andere Ehegatte einwilligt.

(2) Das Vormundschaftsgericht kann auf Antrag des Ehegatten die Zustimmung des anderen Ehegatten ersetzen, wenn dieser sie ohne ausreichenden Grund verweigert oder durch Krankheit oder Abwesenheit verhindert ist, eine Erklärung abzugeben.

(3) Die Vorschriften der §§ 1366 bis 1368 gelten entsprechend.

§ 1370 (Ersatz von Haushaltsgegenständen) Haushaltsgegenstände, die an Stelle von nicht mehr vorhandenen oder wertlos gewordenen Gegenständen angeschafft werden, werden Eigentum des Ehegatten, dem die nicht mehr vorhandenen oder wertlos gewordenen Gegenstände gehört haben.

§ 1371 (Zugewinnausgleich im Todesfall) (1) Wird der Güterstand durch den Tod eines Ehegatten beendet, so wird der Ausgleich des Zugewinns dadurch verwirklicht, daß sich der gesetzliche Erbteil des überlebenden Ehegatten um ein Viertel der Erbschaft erhöht; hierbei ist unerheblich, ob die Ehegatten im einzelnen Fall einen Zugewinn erzielt haben.

(2) Wird der überlebende Ehegatte nicht Erbe und steht ihm auch kein Vermächtnis zu, so kann er Ausgleich des Zugewinns nach den Vorschriften der §§ 1373 bis 1383, 1390 verlangen; der Pflichtteil des überlebenden Ehegatten oder eines anderen Pflichtteilsberechtigten bestimmt sich in diesem Falle nach dem nicht erhöhten gesetzlichen Erbteil des Ehegatten.

(3) Schlägt der überlebende Ehegatte die Erbschaft aus, so kann er neben dem Ausgleich des Zugewinns den Pflichtteil auch dann verlangen, wenn dieser ihm nach den erbrechtlichen Bestimmungen nicht zustünde; dies gilt nicht, wenn er durch Vertrag mit seinem Ehegatten auf sein gesetzliches Erbrecht oder sein Pflichtteilsrecht verzichtet hat.

(4) Sind erbberechtigte Abkömmlinge des verstorbenen Ehegatten, welche nicht aus der durch den Tod dieses Ehegatten aufgelösten Ehe stammen, oder erbersatzberechtigte Abkömmlinge vorhanden, so ist der überlebende Ehegatte verpflichtet, diesen Abkömmlingen, wenn und soweit sie dessen bedürfen, die Mittel zu einer angemessenen Ausbildung aus dem nach Absatz 1 zusätzlich gewährten Viertel zu gewähren.

§ 1372 (Zugewinnausgleich in anderen Fällen) Wird der Güterstand auf andere Weise als durch den Tod eines Ehegatten beendet, so wird der Zugewinn nach den Vorschriften der §§ 1373 bis 1390 ausgeglichen.

§ 1373 (Begriff des Zugewinns) Zugewinn ist der Betrag, um den das Endvermögen eines Ehegatten das Anfangsvermögen übersteigt.

§ 1374 (Anfangsvermögen) (1) Anfangsvermögen ist das Vermögen, das einem Ehegatten nach Abzug der Verbindlichkeiten beim Eintritt des Güterstandes gehört; die Verbindlichkeiten können nur bis zur Höhe des Vermögens abgezogen werden.

(2) Vermögen, das ein Ehegatte nach Eintritt des Güterstandes von Todes wegen oder mit Rücksicht auf ein künftiges Erbrecht, durch Schenkung oder als Ausstattung erwirbt, wird nach Abzug der Verbindlichkeiten dem Anfangsvermögen hinzugerechnet, soweit es nicht den Umständen nach zu den Einkünften zu rechnen ist.

§ 1375 (Endvermögen) (1) Endvermögen ist das Vermögen, das einem Ehegatten nach Abzug der Verbindlichkeiten bei der Beendigung des Güterstandes gehört. Die Verbindlichkeiten werden, wenn Dritte gemäß § 1390 in Anspruch genommen werden können, auch insoweit abgezogen, als sie die Höhe des Vermögens übersteigen.

(2) Dem Endvermögen eines Ehegatten wird der Betrag hinzugerechnet, um den dieses Vermögen dadurch vermindert ist, daß ein Ehegatte nach Eintritt des Güterstandes

1. unentgeltliche Zuwendungen gemacht hat, durch die er nicht einer sittlichen Pflicht oder einer auf den Anstand zu nehmenden Rücksicht entsprochen hat,
2. Vermögen verschwendet hat oder
3. Handlungen in der Absicht vorgenommen hat, den anderen Ehegatten zu benachteiligen.

(3) Der Betrag der Vermögensminderung wird dem Endvermögen nicht hinzugerechnet, wenn sie mindestens zehn Jahre vor Beendigung des Güterstandes eingetreten ist oder wenn der andere Ehegatte mit der unentgeltlichen Zuwendung oder der Verschwendung einverstanden gewesen ist.

§ 1376 (Wertermittlung des Anfangs- und Endvermögens)

(1) Der Berechnung des Anfangsvermögens wird der Wert zugrundegelegt, den das beim Eintritt des Güterstandes vorhandene Vermögen in diesem Zeitpunkt, das dem Anfangsver-

mögen hinzuzurechnende Vermögen im Zeitpunkt des Erwerbes hatte.

(2) Der Berechnung des Endvermögens wird der Wert zugrunde gelegt, den das bei Beendigung des Güterstandes vorhandene Vermögen in diesem Zeitpunkt, eine dem Endvermögen hinzuzurechnende Vermögensminderung in dem Zeitpunkt hatte, in dem sie eingetreten ist.

(3) Die vorstehenden Vorschriften gelten entsprechend für die Bewertung von Verbindlichkeiten.

(4) Ein land- oder forstwirtschaftlicher Betrieb, der bei der Berechnung des Anfangsvermögens und des Endvermögens zu berücksichtigen ist, ist mit dem Ertragswert anzusetzen; die Vorschrift des § 2049 Abs. 2 ist anzuwenden.

§ 1377 (Verzeichnis des Anfangsvermögens) (1) Haben die Ehegatten den Bestand und den Wert des einem Ehegatten gehörenden Anfangsvermögens und der diesem Vermögen hinzuzurechnenden Gegenstände gemeinsam in einem Verzeichnis festgestellt, so wird im Verhältnis der Ehegatten zueinander vermutet, daß das Verzeichnis richtig ist.

(2) Jeder Ehegatte kann verlangen, daß der andere Ehegatte bei der Aufnahme des Verzeichnisses mitwirkt. Auf die Aufnahme des Verzeichnisses sind die für den Nießbrauch geltenden Vorschriften des § 1035 anzuwenden. Jeder Ehegatte kann den Wert der Vermögensgegenstände und der Verbindlichkeiten auf seine Kosten durch Sachverständige feststellen lassen.

(3) Soweit kein Verzeichnis aufgenommen ist, wird vermutet, daß das Endvermögen eines Ehegatten seinen Zugewinn darstellt.

§ 1378 (Ausgleichsforderung) (1) Übersteigt der Zugewinn des einen Ehegatten den Zugewinn des anderen, so steht die Hälfte des Überschusses dem anderen Ehegatten als Ausgleichsforderung zu.

(2) Die Höhe der Ausgleichsforderung wird durch den Wert des Vermögens begrenzt, das nach Abzug der Verbindlichkeiten bei Beendigung des Güterstandes vorhanden ist.

(3) Die Ausgleichsforderung entsteht mit der Beendigung des Güterstandes und ist von diesem Zeitpunkt an vererblich und übertragbar. Eine Vereinbarung, die die Ehegatten während eines Verfahrens, das auf die Auflösung der Ehe gerichtet ist, für den Fall der Auflösung der Ehe über den Ausgleich des Zugewinns treffen, bedarf der notariellen Beurkundung; § 127 a findet auch auf eine Vereinbarung Anwendung, die in einem Verfahren in Ehesachen vor dem Prozeßgericht protokolliert wird. Im übrigen kann sich kein Ehegatte vor der Beendigung des Güterstandes verpflichten, über die Ausgleichsforderung zu verfügen.

(4) Die Ausgleichsforderung verjährt in drei Jahren; die Frist beginnt mit dem Zeitpunkt, in dem der Ehegatte erfährt, daß der Güterstand beendet ist. Die Forderung verjährt jedoch spätestens dreißig Jahre nach der Beendigung des Güterstandes. Endet der Güterstand durch den Tod eines Ehegatten, so sind im übrigen die Vorschriften anzuwenden, die für die Verjährung eines Pflichtteilsanspruchs gelten.

§ 1379 (Auskunftspflicht bei Beendigung des Güterstandes)
(1) Nach der Beendigung des Güterstandes ist jeder Ehegatte verpflichtet, dem anderen Ehegatten über den Bestand seines Endvermögens Auskunft zu erteilen. Jeder Ehegatte kann verlangen, daß er bei der Aufnahme des ihm nach § 260 vorzulegenden Verzeichnisses zugezogen und daß der Wert der Vermögensgegenstände und der Verbindlichkeiten ermittelt wird. Er kann auch verlangen, daß das Verzeichnis auf seine Kosten durch die zuständige Behörde oder durch einen zuständigen Beamten oder Notar aufgenommen wird.

(2) Hat ein Ehegatte die Scheidung beantragt oder Klage auf Aufhebung oder Nichtigkeit der Ehe erhoben, gilt Absatz 1 entsprechend.

§ 1380 (Anrechnung von Vorausempfängen) (1) Auf die Ausgleichsforderung eines Ehegatten wird angerechnet, was ihm von dem anderen Ehegatten durch Rechtsgeschäft unter Lebenden mit der Bestimmung zugewendet ist, daß es auf die Ausgleichsforderung angerechnet werden soll. Im Zweifel ist anzunehmen, daß Zuwendungen angerechnet werden sollen, wenn ihr Wert den Wert von Gelegenheitsgeschenken übersteigt, die nach den Lebensverhältnissen der Ehegatten üblich sind.

(2) Der Wert der Zuwendung wird bei der Berechnung der Ausgleichsforderung dem Zugewinn des Ehegatten hinzugerechnet, der die Zuwendung gemacht hat. Der Wert bestimmt sich nach dem Zeitpunkt der Zuwendung.

§ 1408 (Ehevertrag; Grundsatz der Vertragsfreiheit) (1) Die Ehegatten können ihre güterrechtlichen Verhältnisse durch Vertrag (Ehevertrag) regeln, insbesondere auch nach der Eingehung der Ehe den Güterstand aufheben oder ändern.

(2) In einem Ehevertrag können die Ehegatten durch eine ausdrückliche Vereinbarung auch den Versorgungsausgleich ausschließen. Der Ausschluß ist unwirksam, wenn innerhalb eins Jahres nach Vertragsschluß Antrag auf Scheidung der Ehe gestellt wird.

§ 1409 (Beschränkung der Vertragsfreiheit) Der Güterstand kann nicht durch Verweisung auf nicht mehr geltendes oder ausländisches Recht bestimmt werden.

§ 1410 (Form des Ehevertrages) Der Ehevertrag muß bei gleichzeitiger Anwesenheit beider Teile zur Niederschrift eines Notars geschlossen werden.

§ 1413 (Widerruf der Überlassung der Vermögensverwaltung) Überläßt ein Ehegatte sein Vermögen der Verwaltung des anderen Ehegatten, so kann das Recht, die Überlassung jederzeit zu widerrufen, nur durch den Ehevertrag ausgeschlossen oder eingeschränkt werden; ein Widerruf aus wichtigem Grunde bleibt gleichwohl zulässig.

§ 1414 (Eintritt der Gütertrennung) Schließen die Ehegatten den gesetzlichen Güterstand aus oder heben sie ihn auf, so tritt Gütertrennung ein, falls sich nicht aus dem Ehevertrag etwas anderes ergibt. Das gleiche gilt, wenn der Ausgleich des Zugewinns oder der Versorgungsausgleich ausgeschlossen oder die Gütergemeinschaft aufgehoben wird.

III. Familiengesetzbuch der ehemaligen DDR (FGB-DDR)

§ 13 (Gemeinschaftliches Eigentum) (1) Die von einem oder beiden Ehegatten während der Ehe durch Arbeit oder aus Arbeitseinkünften erworbenen Sachen, Vermögensrechte und Ersparnisse gehören beiden Ehegatten gemeinsam. Den Arbeitseinkünften sind Einkünfte aus Renten, Stipendien oder ähnlichen wiederkehrenden Leistungen gleichgestellt.

(2) Jedem Ehegatten allein gehören die vor der Eheschließung erworbenen, die ihm während der Ehe als Geschenk oder als Auszeichnung zugewendeten und die durch Erbschaft zugefallenen Sachen und Vermögensrechte. Desgleichen sind Alleineigentum jedes Ehegatten die nur von ihm zur Befriedigung persönlicher Bedürfnisse oder zur Berufsausübung genutzten Sachen, soweit nicht ihr Wert gemessen am gemeinschaftlichen Einkommen und Vermögen unverhältnismäßig groß ist.

§ 15 (Verfügungen) (1) Verfügungen über Sachen und Vermögensrechte des gemeinschaftlichen Eigentums und Vermögens treffen die Ehegatten im beiderseitigen Einverständnis. Gegenüber Außenstehenden kann jeder Ehegatte die Gemeinschaft allein vertreten; die Verfügung ist jedoch unwirksam, wenn dem Dritten bei Vornahme des Rechtsgeschäftes ein entgegenstehender Wille des anderen Ehegatten bekannt ist.

(2) Über Häuser und Grundstücke können die Ehegatten nur gemeinsam verfügen. Für Verfügungen über Einlagen bei Sparkassen oder Banken gelten die Vorschriften des Sparkassen- und Bankenverkehrs.

IV. Einführungsgesetz zum Bürgerlichen Gesetzbuch (EGBGB)

Art. 14 (Allgemeine Ehewirkungen) (1) Die allgemeinen Wirkungen der Ehe unterliegen

1. dem Recht des Staates, dem beide Ehegatten angehören oder während der Ehe zuletzt angehörten, wenn einer von ihnen diesem Staat noch angehört, sonst
2. dem Recht des Staates, in dem beide Ehegatten ihren gewöhnlichen Aufenthalt haben oder während der Ehe zuletzt hatten, wenn einer von ihnen dort noch seinen gewöhnlichen Aufenthalt hat, hilfsweise
3. dem Recht des Staates, mit dem die Ehegatten auf andere Weise gemeinsam am engsten verbunden sind.

(2) Gehört ein Ehegatte mehreren Staaten an, so können die Ehegatten ungeachtet des Artikels 5 Abs. 1 das Recht eines dieser Staaten wählen, falls ihm auch der andere Ehegatte angehört.

(3) Ehegatten können das Recht des Staates wählen, dem ein Ehegatte angehört, wenn die Voraussetzungen des Absatzes 1 Nr. 1 nicht vorliegen und

1. kein Ehegatte dem Staat angehört, in dem beide Ehegatten ihren gewöhnlichen Aufenthalt haben, oder
2. die Ehegatten ihren gewöhnlichen Aufenthalt nicht in demselben Staat haben.

Die Wirkungen der Rechtswahl enden, wenn die Ehegatten eine gemeinsame Staatsangehörigkeit erlangen.

(4) Die Rechtswahl muß notariell beurkundet werden. Wird sie nicht im Inland vorgenommen, so genügt es, wenn sie den Formerfordernissen für einen Ehevertrag nach dem gewählten Recht oder am Ort der Rechtswahl entspricht.

Art. 15 (Güterstand) (1) Die güterrechtlichen Wirkungen der Ehe unterliegen dem bei der Eheschließung für die allgemeinen Wirkungen der Ehe maßgebenden Recht.

(2) Die Ehegatten können für die güterrechtlichen Wirkungen ihrer Ehe wählen

1. das Recht des Staates, dem einer von ihnen angehört,

2. das Recht des Staates, in dem einer von ihnen seinen gewöhnlichen Aufenthaltsort hat, oder
3. für unbewegliches Vermögen das Recht des Lageorts.

(3) Artikel 14 Abs. 4 gilt entsprechend.

(4) Die Vorschriften des Gesetzes über den ehelichen Güterstand von Vertriebenen und Flüchtlingen bleiben unberührt.

Art. 234 (Viertes Buch. Familienrecht)

§ 1 (Grundsatz) Das Vierte Buch des Bürgerlichen Gesetzbuchs gilt für alle familienrechtlichen Verhältnisse, die am Tag des Wirksamwerdens des Beitritts bestehen, soweit im folgenden nichts anderes bestimmt ist.

§ 2 (Verlöbnis) Die Vorschriften über das Verlöbnis gelten nicht für Verlöbnisse, die vor dem Wirksamwerden des Beitritts geschlossen worden sind.

§ 4 (Eheliches Güterrecht) (1) Haben die Ehegatten am Tag des Wirksamwerdens des Beitritts im gesetzlichen Güterstand der Eigentums- und Vermögensgemeinschaft des Familiengesetzbuchs der Deutschen Demokratischen Republik gelebt, so gelten, soweit die Ehegatten nichts anderes vereinbart haben, von diesem Zeitpunkt an die Vorschriften über den gesetzlichen Güterstand der Zugewinngemeinschaft.

(2) Jeder Ehegatte kann, sofern nicht vorher ein Ehevertrag geschlossen oder die Ehe geschieden worden ist, bis zum Ablauf von zwei Jahren nach Wirksamwerden des Beitritts dem Kreisgericht gegenüber erklären, daß für die Ehe der bisherige gesetzliche Güterstand fortgelten solle. § 1411 des Bürgerlichen Gesetzbuchs gilt entsprechend. Wird die Erklärung abgegeben, so gilt die Überleitung als nicht erfolgt. Aus der Wiederherstellung des ursprünglichen Güterstandes können die Ehegatten untereinander und gegenüber einem Dritten Einwendungen gegen ein Rechtsgeschäft, das nach der Überleitung zwischen den Ehegatten oder zwischen einem von

ihnen und dem Dritten vorgenommen worden ist, nicht herleiten.

(3) Für die Entgegennahme der Erklärung nach Absatz 2 ist jedes Kreisgericht zuständig. Die Erklärung muß notariell beurkundet werden. Haben die Ehegatten die Erklärung nicht gemeinsam abgegeben, so hat das Kreisgericht sie dem anderen Ehegatten nach den für Zustellungen von Amts wegen geltenden Vorschriften der Zivilprozeßordnung bekanntzumachen. Für die Zustellung werden Auslagen nach § 137 Nr. 2 der Kostenordnung nicht erhoben. Wird mit der Erklärung ein Antrag auf Eintragung in das Güterrechtsregister verbunden, so hat das Kreisgericht den Antrag mit der Erklärung an das Registergericht weiterzuleiten. Der aufgrund der Erklärung fortgeltende gesetzliche Güterstand ist, wenn einer der Ehegatten dies beantragt, in das Güterrechtsregister einzutragen. Wird der Antrag nur von einem der Ehegatten gestellt, so soll das Registergericht vor der Eintragung den anderen Ehegatten hören. Für das gerichtliche Verfahren gelten die Vorschriften des Gesetzes über die Angelegenheiten der freiwilligen Gerichtsbarkeit.

(4) In den Fällen des Absatzes 1 gilt für die Auseinandersetzung des bis zum Wirksamwerden des Beitritts erworbenen gemeinschaftlichen Eigentums und Vermögens § 39 des Familiengesetzbuches der Deutschen Demokratischen Republik sinngemäß.

(5) Für Ehegatten, die vor dem Wirksamwerden des Beitritts geschieden worden sind, bleibt für die Auseinandersetzung des gemeinschaftlichen Eigentums und Vermögens und für die Entscheidung über die Ehewohnung das bisherige Recht maßgebend.

(6) Für die Beurkundung der Erklärung nach Absatz 2 und der Anmeldung zum Güterrechtsregister sowie für die Eintragung in das Güterrechtsregister beträgt der Geschäftswert 5000 Deutsche Mark.

V. Ehegesetz (EheG)

§ 11 (Standesbeamter) (1) Eine Ehe kommt nur zustande, wenn die Eheschließung vor einem Standesbeamten stattgefunden hat.

(2) Als Standesbeamter im Sinne des Absatzes 1 gilt auch, wer, ohne Standesbeamter zu sein, das Amt eines Standesbeamten öffentlich ausgeübt und die Ehe in das Familienbuch eingetragen hat.

§ 12 (Aufgebot) (1) Der Eheschließung soll ein Aufgebot vorhergehen. Das Aufgebot verliert seine Kraft, wenn die Ehe nicht binnen sechs Monaten nach Vollziehung des Aufgebots geschlossen wird.

(2) Die Ehe kann ohne Aufgebot geschlossen werden, wenn die lebensgefährliche Erkrankung eines der Verlobten den Aufschub der Eheschließung nicht gestattet.

(3) Von dem Aufgebot kann der Standesbeamte Befreiung erteilen.

§ 13 (Form der Eheschließung) (1) Die Ehe wird dadurch geschlossen, daß die Verlobten vor dem Standesbeamten persönlich und bei gleichzeitiger Anwesenheit erklären, die Ehe miteinander eingehen zu wollen.

(2) Die Erklärungen können nicht unter einer Bedingung oder Zeitbestimmung abgegeben werden.

§ 14 Trauung (1) Der Standesbeamte soll bei der Eheschließung in Gegenwart von zwei Zeugen an die Verlobten einzeln und nacheinander die Frage richten, ob sie die Ehe miteinander eingehen wollen und, nachdem die Verlobten die Frage bejaht haben, im Namen des Rechts aussprechen, daß sie nunmehr rechtmäßig verbundene Eheleute seien.

(2) Der Standesbeamte soll die Eheschließung in das Familienbuch eintragen.

§ 15 (Zuständigkeit des Standesbeamten) (1) Die Ehe soll vor dem zuständigen Standesbeamten geschlossen werden.

(2) Zuständig ist der Standesbeamte, in dessen Bezirk einer der Verlobten seinen Wohnsitz oder seinen gewöhnlichen Aufenthalt hat. Unter mehreren zuständigen Standesbeamten haben die Verlobten die Wahl.

(3) Hat keiner der Verlobten seinen Wohnsitz oder seinen gewöhnlichen Aufenthalt im Inland, so ist für die Eheschließung im Inland der Standesbeamte des Standesamtes I in Berlin oder der Hauptstandesämter in München, Baden-Baden und Hamburg zuständig.

(4) Auf Gund einer schriftlichen Ermächtigung des zuständigen Standesbeamten kann die Ehe auch vor dem Standesbeamten eines anderen Bezirkes geschlossen werden.

Sachverzeichnis

Zahlen = Seiten